あの素晴しい日々

加藤和彦、「加藤和彦」を語る

加藤和彦・前田祥丈
監修 牧村憲一

JN117612

目次

＊各章の「注釈」、「加藤和彦全オリジナルアルバム・ディスコグラフィー」については百年舎ホームページ https://www.hyakunen-sha.com　で読むことができます。

序　一九九三年のインタビュー

前田祥丈

　マイクに向けて長身を少し屈めるように立つ姿には、なんともいえない色っぽさがあった。そして、スピーカーから透明感のある優しい声が流れ出すと、会場はそれまでとは違う雰囲気に包まれていく。

　僕が実際に加藤和彦のステージを観た回数は、それほど多くはなかった。それでも、例えばサディスティック・ミカ・バンド結成前のステージで聴いた彼の歌が、あの時代のミュージシャンたちが演奏するフォークともロックとも一味違う存在感をもっていたことははっきり覚えている。共演者たちが、自分たちの切迫した想いをなんとか時代に突き刺そうと鋭角的なパフォーマンスを繰り広げるなか、加藤和彦は飄々と、ソフィスティケートされたイマジネーションあふれる世界を描き出

スタジオにて。初期ソロ活動時

していた。

それは、僕たちが知っていたフォークという概念からも、ロックという概念からもはみ出した不思議な音楽だった。けれど、その不思議さは、なにか新しい魅力と一体となっているように感じられた。だから、僕は理屈抜きにその歌に引きこまれていった。

その後、彼はサディスティック・ミカ・バンドを経て、ソロ・アーティストとして新たな進境を示す作品を発表していったが、新しい時代の感性を大胆に先取りしながら、ソフィスティケートされ、けれど優しい手触りをもつ音楽へと昇華させてクリエイトする、という彼の表現の本質は一貫して変わっていないと思えた。

加藤和彦（一九四七年三月二一日〜二〇〇九年一〇月一六日）が、日本のミュージック史を彩る巨星であることはいまさら言うまでもない。しかし、彼の多彩な活動のどれもが、それぞれの時代のなかで、きわめて先進的な意味を持ちながらも、その音楽だけでなく、彼自身がファッショナブルなセンスや、華やかさといったインパクトを伴っていたがゆえに、逆に、加藤和彦の業績は、過小評価されているのではないかという思いが離れなかった。

本書は、加藤和彦という存在がなければ、日本のミュージック・ヒストリーはかなり違うものになっていたのではないか、という視点で、音楽家としての加藤和彦をトータルに振り返り、きちんと記

後年のフォトセッションにて

サディスティック・ミカ・バンド　©Sukita

録しておきたい、という思いから、一九九三年に行った加藤和彦へのインタビューを再構成したものだ。

本書の刊行がインタビューから二〇年後（※本書の親本「エゴ〜加藤和彦、加藤和彦を語る」は二〇一三年発行）になってしまったいきさつについては後書きで触れるが、このインタビューを行った時期は、加藤和彦にとってソロ・アーティストとしての主要な創作が一段落するとともに、ザ・フォーク・クルセダーズ、サディスティック・ミカ・バンドについても、リユニオンという形で追体験を行いつつあったタイミングであり、この時点で自分の仕事を振り返る証言には、今読んでも、彼ならではの時代感覚とリアリティを感じて

細野晴臣の『泰安洋行』発表コンベンションにて（左）今野雄二　（右）安井かずみ

もらえるのではないかと思う。
　インタビューのなかで、加藤和彦はこんな発言をしている。
「ヘミングウェイっていうのは、彼の作品より人生のほうが面白いのよ。そこをベースに彼は作品をつくってて、人生のほうが面白いって。人生＝作品みたいな形になったら最高だな、と思うんだけど」
　加藤和彦にも、同じことが言えると思う。この言葉に習い、四〇歳代の加藤和彦の証言と作品を重ね合わることで、加藤和彦という稀有な音楽家の生き方と二〇世紀後期の日本のポップ・ミュージック・カルチャーの空気感をいささかでも伝えることができたとしたら嬉しい。

1　子供時代

東京育ち

インタビュー原稿を読み返して感じたのは、後年のインタビューと比べると、この時の彼の話は、自らの生い立ちを順序立てて紹介するというのではなく、会話のなかから浮かび上がった記憶の断片を、思いつくままに話してくれたというニュアンスが強いことだ。

僕の質問も、加藤和彦の生い立ちを細かく確認していくというよりも、音楽に向かった動機を中心にエピソードを聴いていこうという意識が強かった。

そして、邪推ではあるけれど、彼自身もこの時のセッションをきっかけにして、自分のなかの加藤和彦史を意識するようになったのかもしれないと、ちらっと思ったりもする。

ともあれ、加藤和彦は一九四七年三月二一日生まれ。まさに団塊の世代ど真ん中であり、僕とは歳にして一歳、学年にして二年上にあたる。


――子供時代はどこにいらっしゃったんですか?


高校まで東京。たどると、生まれたのは京都で、家の関係で逗子にちょっといて、鎌倉に小学校三年生くらいまで住んでて、それから東京に出てきて日本橋に住んでた。

今でもあるのかな、東京駅のすぐそばの京橋昭和小学校に通ってた。一歩ずれると泰明小学校だったんだけど。

だから、なんか江戸っ子なんですよ。どういうわけか、日本橋だから。家はたいめいけん(1・1)の近くだった。もちろん京都にも帰っていたけども、高校まで東京にいて、大学の時に呼び戻されたというか。ちょうどタイミングよく父も本社が京都の会社に勤めていたので帰ったの。祖父が仏師なんで、その時は気づかなかったんだけど、無理やり仏教系大学に入れられたというか。うちの父は全然そんな仕事じゃないから、祖父の仕事を継ぐ人もいないんで、仏教の大学に入れられて、

毎日が般若波羅蜜多の世界で（笑）。こんなもんつまんないなあと。

――大学に入る時には抵抗はなかったですか？

ノンポリだから。

――深く考えなかった？

深く考えなかった。それ当たり。高校の時にアマチュアバンドやってたのね。アマチュアバンドとは言わないな。いわゆる高校生がギターを持ってワイワイやってるみたいな。京都に帰るって言われて、その仲間とも別れちゃった。

東京に居た時は、当時、都市センターホールとかで、マイク眞木（1・2）なんかのコンサートあったでしょ。よく観に行ってた。

ボブ・ディラン

「だから、なんか江戸っ子なんですよ」という言葉がとても印象的で、今でも覚えている。その時は、加藤和彦＝ザ・フォーク・クルセダーズ＝京都、という思い込みで語られるのが本当に嫌だったんだな、と思った。

けれど、それはけっして単なる衒いの言葉ではなく、東京、しかも戦前・戦後の東京でもっともエスタブリッシュで粋な土地であった日本橋、京橋の空気を存分に吸って育ったことが、加藤和彦というキャラクターを形成するにあたって、きわめて重要な要素だったことを、正直に物語る言葉だったんだなと、後で気づいた。東京と京都、日本の東西の粋（いき）と粋（すい）が結果的にハイブリッドされることによって、加藤和彦の類いまれな感性、センスがつくりあげられていったのだろう。

——高校生の頃はどんな曲をやってましたか？

どんなものやってるっていうほどじゃなくて、初めてギターを買ってもらって触って、友達同士で持って喜んでるっていう程度で。

――マイク眞木の「バラが咲いた」とかやってました？

いや、いきなり向こうのもの。僕はいきなりボブ・ディラン（1・3）を歌ってたの。高校の時、ある番組で中村とうようさん（1・4）がディランを紹介していたわけ。ディランなんか誰も知らない頃だけど、なんか引っかかるものがあったわけ。で、銀座のヤマハにレコード買いに行ったら無い。日本では出てない。ちょうどアメリカで『フリーホイーリン』とか『ザ・タイムズ・ゼイ・アー・ア・チェンジン（時代は変わる）』が出たくらいの時だから、「じゃ、取り寄せてください」って手続きして。いっぱい書類書くのね。で、待ってると、三カ月くらいして来る。船便でね。

で、「来ました」って取りに行ったら、なんか間違えたのか、楽譜集も一緒に来ちゃったわけ。ソングブックみたいなのがね。それにギターのタブレットとか書いてあった。で、レコード聴いて「ああ、ギター弾きたいな」っていう感じになって、うちの親に「ギターを買って」って言うと「ギター?・」とか言って。その前にトランペットを買ってもらったことがあるわけ。高校一年生くらいの時、モダンジャズ盛んだったでしょ、あの頃。「ジャズかっこいいな、トランペット買って」って買ってもらって四日目くらいに、どこで聞いてきたのか、トランペットを吹いていると肺病になるとか言われて（笑）。急に取り上げられたの。

――ジャズのトランペットというと、マイルス・デイヴィス（1・5）とかでしょうか？

何を聴いてたんだろ。高一だから……。たぶんマイルス。どこで聴いたんだろうな。ラジオかな。ラジオでもそんなにジャズはやってなかったけど。でも、トランペットが欲しくなって誕生日かなんかに買ってもらって。でも、急に取り上げられちゃっても「ああそうですか」って渡しちゃうくらいだからね。あのまま吹いていたらまた違った世界にいたのかな（笑）。トランペッターになってたかもしれないけど、ジャズは深追いはしなかった。

――輸入盤を買うことは、その前にもあったんですか？

高校生じゃそんなに買えないでしょ。

あとはミステリが好きだったから、ハヤカワミステリ（1・6）っていうシリーズがあるでしょ。今もう一八〇〇冊くらいになるけど、九〇〇冊くらい持ってるんだよね。買ったのは主に中学生の頃だったけど、どうやって買ったかというと、うちの中学は変で、お昼は持って行ってもいいし、給食じゃなくてパン屋さんが来てパンが買えるわけよね。だから、パンでいいって嘘ついて、昼飯を食わないで、友達のパンをもらって、その金で、昔のハヤカワミステリって三八〇円くらいだから、二日くらいで一冊買えるんだよね。

そんなのわかるよね、親は。わかっていながら全然注意しないで自分も読んでる。母親もミステリ好きだったから。変な親だね、わけわかんない(笑)。その頃から僕はイギリスっぽいものが好きだったんだね。ミステリってイギリスが多いじゃない。

料理もその頃だね。家で『暮しの手帖』(1・7)をとってたんだけど、あれ料理もいろいろ載ってるでしょ。見ながら、これつくってみたいとか言って料理つくって、今でいうとオタッキーな中学生だった(笑)。変人だよ。

——そのくらいの年齢だと野球をするとかが多かったですよね。

野球、全然ダメ。なんの興味もなし。ひたすらミステリと映画とお料理。お料理っていっても、他愛のないものだけど。シュークリームはどうやって出来てるんだろうとか思って、つくってみると膨れて。ああいうのできると嬉しいじゃない。中学生の頃はそういう感じだった。

——あまり外に出ない子だったんですか？

うん、出ない。中学生らしいというか、子供としては、その頃、映画だと西部劇がいちばん盛んな頃でしょ。だから、いわゆるウエスタンごっこというよりも、家の小さな、庭じゃないんだけど、ちょっと間があって、そこで友達四人くらい集まって、ギター弾いて、いわゆるカウボーイの食べてるものあるじゃない、ベーコン炒めて、豆、ポークビーンズとか。それを夜やってたの、なんかわけわかんない。

——普通、そこまではやらないですよね。

やらないでしょ。コーヒーがないと様にならないって親に言ったら、あの頃、日本では子供にコーヒーはいけないって言われてたじゃない。でも、うちの親はそんなの全然関係ないから、コーヒー淹れて、あのアルミのコップがあるじゃない。あれ売ってなかったのね。あれも欲しいとか言って探して。見よう見まねで、変だけど、だいぶやってたよ、それ。

――かなり本格的なことやってたんですね？　バンダナしてたりとか。

バンダナとか売ってなかったもん。ただ、鎌倉で育ったから。ちょうど昭和二二年生まれでしょ。物資がない時代だったから、ＰＸ（１・８）流れのリーバイスの上下一式着てたのね、いわゆるジージャン着て、スニーカー、コンバースのバッシュー履いて、野球帽かぶってね。なんかアメリカの子供みたいな写真、いっぱいありますよ。

――オシャレじゃないですか。

ちょうど僕の上の世代っていうか、僕が小学校三年生だから九歳くらいの時に、一八～一九歳くらいの、学校もなにも関係ない近所のお菓子屋の倅なんだけども、それがまた非常にスノッブな男で、今思えば、リーバイスの規格とか全部教えてくれたの彼なわけよね。今で言うリーバイス５０１ね、それをまず洗えと。今と同じこと言ってるんだよ。年中穿いてろ。ひと月穿いてから洗えって。下は絶対まくれ、とかね。先輩じゃないけど、変な小うるさいのがいて。それからいろいろ、そっちの道ね。アメリカンものを教えてくれた。

一〇歳の子供にそれ言ってどうすんだって思うけど、一〇歳の子供はそれを実践してたっていう。それを親にやらせていた。うちの親もおかしいなって感じだけど、鎌倉って結構アメリカンだったんだよね、アメリカ村の感じ。あと、食べ物もアメリカ的な感じってあるじゃない。そういう要素は、その頃教わったんだ。

――戦後すぐは、今よりアメリカの影響が強かったですね。

だって、普通のもの買うより、PX流れのものを買うほうが安いわけ。だから食べてるものも、スナックバーだとかハーシーのチョコレートとかは全然自然なんだよね。そればっかり食べてたから、ああいうものに異様な郷愁を感じちゃうのね。

だからアメリカ軍物資で恩恵を受けていたところにいた人と、一生懸命、闇米（1・9）を必死に手に入れていたところにいた人とでは、すごい違うのよね。細野（晴臣）（1・10）さんなんかも結構バタ臭い感じの育ちでしょ。お爺さん、タイタニック号に乗ってたっていう人だから。だから妙に、理屈じゃなくバタ臭い。言い方悪いけど、そういうとこあるよね。

——映画はどんな感じで観ていましたか？

映画はね、母が映画好きで、子供が全然わけわかんない頃に、家に置いとくわけにもいかないから一緒に連れてっちゃう。一人っ子だったから。ただそれだけ。

だから、よく考えると、いろんなものが全部、今やってることと全然変わってないんじゃないかな。中学以来進歩してない。自分の知ってることは本当によく知ってるけど、知らないことは知らないっていうのは、その頃からそう。

ラジオ

加藤和彦と同じ、戦後ベビーブーマー世代（団塊の世代）の子供たちは多かれ少なかれアメリカ文化、アメリカ物資の影響を強烈に受けて育った。チャンバラごっことともに、西部劇ごっこは男の子の外遊びの定番だった。

けれど、ほとんどの子供が夢中になったのは、撃ち合い、決闘シーンであり、加藤和彦のように野営シーンを再現することに熱中していた子を、僕は他に知らない。

当時の彼がアメリカ軍物資の恩恵を受けられる土地に住んでいたということ以上に、こうしたディテールにこだわる子供だったというのはとても興味深い。けれど、そうしたこだわりは、おそらくベビーブーマー世代としての特性とは関係がない。

中学生時代のハヤカワミステリへのこだわりもそうだ。まず、ハヤカワミステリにのめり込む中学生というのもちょっと早熟だったんじゃないかという気がする。ハヤカワポケットミステリ、通称ポケミスは、今の新書版よりもう少し細長い判型の小型本で、抽象画を使った共通デザインの表紙など、洋書っぽいスタイリッシュな海外ミステリ小説シリーズ。僕なんかは、書店でハヤカワミステリの棚に手を伸ばすにはちょっと勇気が必要だった。確か、僕が初めてハヤカワミステリを買ったのは、高校生になってからじゃなかったかと思う。それを中学生の時にシリーズ買いしていたというのは、やっぱりかなりマニアックな少年だったと言えるだろう。

そんな加藤少年が、どんなラジオの聴き方をしていたのかが知りたくなった。テレビが普及する前の家庭ではラジオが最大の娯楽だった。戦後ベビーブーマー世代の共通アイテムであったラジオに対して、彼はどんなふうに向き合っていたのだろう?

――ラジオはよく聴いてましたか？ あの当時のラジオは、落語、浪曲、お笑い、それからポップスものも若干ありましたが。

テレビは家にはなかった。友達の家にあって、「スーパーマン」とか、よく観に行ってた。テレビは五軒に一台くらいしかないじゃない。そういう時代だったからね。ラジオは、落語を聴いてた。いまだに好きだけど。急にここで話が落語になっちゃうけど、なんか好きなんだ。

――落語家は誰が好きでしたか？

その頃はね、（古今亭）志ん生（1・11）が好きだった。いまだに好きだけど、中学生の志ん生好きっていうのもおかしいね。

子供心に、（林家）三平（1・12）とかああいうのは好きじゃなかった。（三遊亭）金馬（1・13）は好きだったかな。シャンバロー（1・14）っていうのも好きだった。大滝（詠一）さん（1・15）に近くなってきた（笑）。

――落語をある程度子供の時から聴いていた世代と、そうじゃない世代とはちょっと変わってくるみたいですね。洒落とか、面白がり方とか。

落語の精神でしょ。エスプリというか。結構屈折してるじゃない。落語って、ひとつのスノビズムがあるし、深く考えると。だから、今は変わっちゃったけど、LF（ニッポン放送）の中川（公夫）さん、深夜放送すべてをやってた人。彼は早稲田の落研かなんかで、落語の話はうるさくてね。「ごはん食べようよ」とか言うんだけど、落語の話で説教されちゃう。「それは違うんです。金馬はこうでね…」とか、全部知ってるわけよ。確かに落語世代っていうことはないけど、落語はエンターテインメントだよね。今でももちろんそうだけど。

――当時は、ラジオで家に居ても落語が聴けたけど、今は落語のほうに寄っていかないと聴けないですね。

今、音楽がたぶん近い状況なんだ。僕らの音楽をなんて言うか知らないけれど、嫌いだけどニューミュージックと呼ぶとして、本当にパワーがなくなってるのと同じで、落語もパワーがなくなってるっていう気がする。

――ラジオの音楽番組は聴いてました？

だって、無いでしょ。あっ、「S盤アワー」（1・16）と「L盤アワー」（1・17）は聴いてた。電リク（電話リクエスト番組）はまだないんじゃないかな。

――電リクは「９５００万人のポピュラーリクエスト」（１・18）ってありましたね。

すごいの知ってるね。急に思い出しちゃった。なんで「９５００万人」かっていうと、当時の日本の人口が九五〇〇万人くらいだった。

音楽体験

加藤和彦が落語好きだったということは意外ではなかった。

戦後の復興期、誰もが気軽に楽しめる娯楽として落語は大きな脚光を浴びていた。たった一人の演者が座ったままで演じる話芸だから、大げさな舞台装置や演出はいらない。声が主体の演芸で、しかも誰もが理屈抜きに笑える。まさに落語は当時のラジオにとってうってつけのキラーコンテンツだった。

こうして落語界が活性化していくとともに、彼の話にも出てきた古今亭志ん生や桂文楽、三遊亭圓生など、昭和の名人と呼ばれる円熟した噺家たちや、林家三平、古今亭今輔（1・19）など抱腹絶倒の新作落語家たちが活躍し、その高座をラジオで聴くのは家族みんなの楽しみになっていった。

そんな環境で育ったミュージシャンたちのなかには今も落語好きが少なくない。それは、子供時代の思い出だからというだけではない。落語の話芸、間、洗練されたセンスなどが、直接的ではないにしても、ミュージシャンとしての表現やパフォーマンスに影響を及ぼしていることがわかっているからじゃないかと思う。音だけでイマジネーション豊かな世界を描き出し、笑いのなかに人の業や感情の機微をも表現していくエンターテイメントである落語が、どこか音楽の表現にも通じていることを、彼らは直観的に感じ取っていたのだろう。

加藤和彦もそうだったかどうかはわからない。けれど当時、落語と音楽に親和性を感じていた人は、けっして少なくなかったのだろうと思う。

少年時代の加藤和彦が、音楽に対してどんな意識を持っていたのかについて、もう少し聞いてみた。

――その人が置かれていた環境によって、情報としては同じものが入って来ても、受け取り方が変わってきたり、屈折の仕方も変わってきたりするんでしょうね。

僕はそんなに屈折したとは思わないけど、なんかやっぱりね。その当時でも、何を自分が受け止めるかっていう、今から思うと、それもその頃にもう決まってるんだよね、たぶん。

――屈折してますよ。だってミステリが好きで、いきなりボブ・ディラン聴いて気になるというんですから。ディランの何が気になりましたか？

なんだろ。

初めて買ったレコードが、（エルヴィス・）プレスリー（1・20）の『G．I．ブルース』のLPだったのかな。映画観て、プレスリーが好きっていうんじゃなくて、プレスリーの持ってるアメリカ感。ちょうどあの頃の『G.I.ブルース』あたり、いちばんアメリカらしいじゃない。『ブルー・ハワイ』とかを買って、でも自分で全部は買えないじゃない。だから友達と交換したりして。プレスリーの次に買ったのが西部劇の影響で、ソノシート（1・21）とかを買った。サントラ・アルバムが出てなかったから。『アラモ』（1・22）とか『リオ・ブラボー』（1・23）とかのテーマ曲とかね、いい歌だなあっていう感じで。そういうちょっとウエスタンぽい感じのを高校くらいに買って。音楽っていってもそんな感じなんですよ。あと、トニー・ザイラー（1・24）の『黒い稲妻』とか。

――「白銀は招くよ」ですね。

そうそう、ああいうのを買ってた。

だから、音楽が好きっていうよりも、持ってる雰囲気だね。だから全然音楽に興味なかったのよ。音楽で買ってたわけじゃないから。あんまり音楽には興味なかったんだ。そこでディランというか、フォーク・ソングに興味があるというよりも、さっき言ったアメリカ文化への憧れの延長線がそういうことになってるっていうかな。だからほかの人とちょっと違うと思うんだよね。

——客観的に言えばそうですよね。

だって、だいたいあの当時にフォークやってたのって、みんな、成城大学とかのお坊ちゃんたちが多かったでしょ。いわゆる日本のフォーク、マイク眞木なんかのお坊ちゃんフォーク・カルチャー、IVY（1・25）、みゆき族（1・26）なんかは僕らの上の世代だから、自分はそうではなかったんだけど、それに憧れているっていう。中学でボタンダウン着て学校で怒られた。で、うちの親がまた学校に「なんで悪い」って文句言って。変な親だった。

——当時、フォークって最新ファッションだったわけですものね。

そうそう。それに憧れて聴いてて、ブラザーズ・フォア（1・27）のレコードがかかったりしているうちに、急にディランを聴いた。それが「風に吹かれて」なの。PP&M（1・28）の「風に吹かれて」は持ってたけど、ディランのオリジナルには、なんていうんだろう、言葉じゃ説明できないすごいものがあった。なんか感じたんだな。それでどうしても欲しくなって買いに行ったわけ。で、日本盤が無いから輸入盤を取り寄せたら楽譜も来て。それを見てるうちにギターが弾きたくなって「ギター買ってよ」って買ってもらって。それが高校二年生くらいかな。だから、習っているわけじゃないから、うまいこと弾けなくて。それでもゴチャゴチャ遊んでて、高三の時に友達同士で適当に、キングストン・トリオ（1・29）っぽい、マネっこグループみたいなのつくって。で、京都に急に行くことになって、っていう、さっきの話になるの。

だから、そういう進路決定は、全部が結構ノンポリで貫かれているんです。

――ビートルズ（1・30）は意識しましたか？

『リボルバー』が最初かな。ビートルズというより『リボルバー』ね。あと『リボルバー』の時代だとウォーカー・ブラザーズ（1・31）、ビージーズ（1・32）。ウォーカー・ブラザーズもいいよね。スコット・ウォーカーは完全に入っちゃった。スコット・ウォーカーのソロ・アルバムは大好きだった。ジャック・ブレル（1・33）みたいな感じで。

――スコット・ウォーカーはジャック・ブレルの曲、歌ってますね。

僕はスティングにスコット・ウォーカーを見たっていうか。彼はすごいんじゃない。ウォーカー・ブラザーズの残りの二人、ゲイリーとジョンはまあ普通の人だけど、スコット・ウォーカーは極度のマザコンなんでしょ、たぶん。今思うと、なんかそういう人が好きだったみたい。

――『リボルバー』以前のビートルズは興味なかったですか？

東京公演をテレビで観たくらいで、そういう意味ではあんまり興味はなかった。ストーンズ派でもビートルズ派でもないし、幼かったからベンチャーズ（1・34）でもない。ベンチャーズの頃は、エレキ派対フォーク派だから。僕は中学生くらいだったから、どっち派にもいかなかった。レコードも持ってなかったし。

――あの頃、ビートルズ派とビーチ・ボーイズ（1・35）派というのもありましたね。

ビーチ・ボーイズ派って、ほとんどマイナーだったでしょ、その頃ビーチ・ボーイズ聴いてて「いいな」と思ったのはすごいよね。大滝さんなんかそうなのかな。

――当時は洋楽を聴いていること自体が少数派でしたよね。洋楽番組を聴いている人なんてクラスに何人もいなかったですよね。

だから、『ミュージックライフ』（1・36）を読んでるか読んでないかで音楽理解が変わっちゃうんだよ。

――読んでましたか？

読んでた、当然のごとく。『ミュージックライフ』は意外とメジャーだったから、たいていの本屋さんで売ってましたよ。だから、音で聴いていない情報は『ミュージックライフ』の星加ルミ子嬢による目の情報のほうが多かったよね。

少年時代は、とくに音楽に興味があったわけではなく、アメリカ文化への憧れの一環でしかなかったと加藤和彦は語った。

確かに、彼の話に登場する歌手や楽曲の多くは、その時代のなかで必ずしも特殊なものではない。当時、音楽好きな子供たちは彼と同じように西部劇などの映画音楽や、ラジオの数少ない音楽番組から流れるアメリカのポップスを聴き、六〇年代のフォーク・ムーブメントやビートルズなどのロック・ムーブメントにも触れていった。

けれど、そうしたアイテムへの向き合い方、こだわり方に関しては、加藤和彦には独特なものがあったと思う。とくに、ラジオで聴いたボブ・ディランのアルバムを輸入盤で取り寄せたというエピソードは、気になったものへの彼の探究心、行動力を物語っていると思う。

そんな音楽に向けられた姿勢が、京都で過ごした大学時代に花開くことになる。

2　ザ・フォーク・クルセダーズ

京都

一九六五年、加藤和彦は京都の龍谷大学に入学する。その入学の背景には仏師であった祖父の意向があり、加藤和彦がその意向に従ったのは、彼自身、半分は祖父の跡を継ごうという想いもあったからだという。

そして京都に移り住んだ彼は、新しいフォーク・グループの結成をもくろむ。そのやり方が、人気の男性ファッション雑誌『メンズクラブ』（2・1）九月号に「フォーク・コーラスをつくろう」という募集広告を掲載することだったというのもなんとも彼らしいと言えるだろうか。

――京都で、いよいよザ・フォーク・クルセダーズの結成になるわけですが。

いきなり京都に行っちゃって、仏教系の大学に入って。わけがわからないから反抗して、やっぱりフォーク・ソングっていうか、なんかやりたいから『メンズクラブ』に広告を出した。

それは有名な話だけど、きたやま（おさむ）がいきなり妹の自転車に乗ってやってきた。何も言う前にさ、ガラッと戸を開けて「あの広告見て」。なんか同じように背の高い奴が来たなと思って、やるともやらないとも言う前に、「僕は背が高いからベースやります」。いきなり宣言して、変わった奴だなと。

広告の申し込みは八人くらいワイワイいて、全員学校は違うんだけど。最初はそれくらいでやってたけど、だんだん淘汰されて五人くらいかな。最終的にはああいうメンバーになっちゃった。

ザ・フォーク・クルセダーズ

結局、加藤和彦とともにザ・フォーク・クルセダーズを結成することになったのは、きたやまおさむのほか、平沼義男、井村幹生、芦田雅喜というメンバーだった。井村、芦田はグループに出たり入ったりしていたが、彼らは京都でステージ活動を始め、次第に人気グループとなっていく。

――ザ・フォーク・クルセダーズというバンド名をつけたわけですが、フォーク・ソングへのこだわりはありましたか？

京都に帰った時には、フォーク・ソングには飽きてきたっていうか、自分たちはフォークをやっているけど聴くものは全然違う。それこそあの頃はアート・ロック(2・2)っていう感じでね。いっぱいあるよね。クリーム(2・3)とかレッド・ツェッペリン(2・4)の最初とか。ビートルズの『リボルバー』もそうだけど『サージェント・ペパーズ・ロンリー・ハーツ・クラブ・バンド』とか、そこらへんを聴いてたわけ。そういう音楽をやりたいなあと思うんだけど、アマチュアだし、素人だし、どうやっていいかわかんない。電気楽器はお金もかかるっていうのもあるから、やりたいのとは裏腹に、自分たちはまあ、フォーク・ソングをやってたわけよね。だからその間のフラストレーションっていうほど大げさなものじゃないけれども、何かやらなきゃできないっていう。そういうジレンマみたいなものはずっと背負ってるけども。

――ザ・フォーク・クルセダーズのレパートリーはどうやって決めていたんでしょうか？

レパートリーって、もう曲の数、決まってるからさ。プロの時はもう芸人の世界、全部決まってて、その通りやってるだけで、アーティスティックにはなされない、フォークル（ザ・フォーク・クルセダーズ）としてはね。

アマチュアの時は、あれやろうとかこれやろうとか、最初は真面目にやってたんだけど、うまいグループじゃないから、きたやまとか僕とか変なことやると受けるわけ。だんだんコミック性が強くなって、チャンバラトリオ（2・5）に近くなってっちゃった。しかも歌は姿勢としては真面目だから、アンビバレンツっていうか、アンバランスっていうね。

非常に受けた「帰って来たヨッパライ」も、ある種の過大評価で、適当にいい加減につくったのを意味づけして。しかも大学生がやってるってことや、関係ないことをやるというね。

『ハレンチ』

ザ・フォーク・クルセダーズの自主制作アルバム『ハレンチ』を聴くとわかるように、彼らは世界の民謡を主なレパートリーとするグループだった。そして、関西の学生フォーク・シーンで注目されていくとともに、東京の学生フォーク・シーンでも「京都にザ・フォーク・クルセダーズあり」と知られるようになっていった。マイク眞木や森山良子（2・6）とも共演し、プロ・デビューの誘いもあったという。しかし、その条件が、マイク眞木のデビュー曲「バラが咲いた」を手掛けていた浜口庫之助（2・7）がつくった曲を歌うことだったため、断ったのだと、後にきたやまおさむに聞いたことがある。

ザ・フォーク・クルセダーズの名が全国的に知られることになったきっかけは、一九六七年一〇月に彼らがアルバム『ハレンチ』を自主制作したこと。そしてこのアルバムに収められていた「帰って来たヨッパライ」が、深夜放送で流されたことだった。

「帰って来たヨッパライ」は口コミによって若者の間で爆発的な人気となり、メジャーレコード会社からリリースされ、累計で二八〇万枚という大ヒットを記録した。

「帰って来たヨッパライ」は、当時のフォーク・ソングというイメージ、そして、ザ・フォーク・クルセダーズというグループ名とは似ても似つかない、まさに掟破りの奇妙奇天烈な曲だった。

こんなことやってもいいのかという驚きと同時に、こんなことを思いついてやってしまう奴らがいるんだ、という衝撃は、遊び半分で自宅でギターを弾いてたに過ぎない僕にさえ、新しい音楽の可能性が目の前に広がったような感覚を与えてくれた。その後、あれよあれよという間に「帰って来たヨッパライ」がシングルリリースされ、大ヒット曲となっていったことを、僕はまるで自分の手柄のように喜んでいた。たぶん、それは「帰って来たヨッパライ」に込められていた〈既成の常識を無視する新しい価値観〉へのシンパシーだったのだと思う。

それまで耳にしていた日本のフォーク・ソングやグループサウンズが、欧米のフォーク・ソングやロックの表面的な翻訳である〈和製○○〉でしかないことへの欲求不満を抱えていたのは僕だけではなかったと思う。僕たちがロックやフォーク・ソングに強いシンパシーを抱いていたのは、その様式やパフォーマンスとしてのかっこよさもさることながら、そのなかに、自分の想いやイマジネーションを、既成の歌の常識に捕われず、自分なりに表現していくという姿勢を感じ取って共感していた部分が少なからずあったはずだ。

この自主制作アルバム『ハレンチ』が、医学生だったきたやまおさむや平沼義男が大学卒業を控えてザ・フォーク・クルセダーズが続けられなくなるため、解散記念としてつくられたものだったということは後に知った。もちろん「帰って来たヨッパライ」の破天荒な魅力にも強烈に惹かれたけれど、それ以上にアマチュアの学生ミュージシャンが、自分たちでアルバムをつくるという発想を持つだけでなく、それを実行していたということが驚きだった。少なくとも僕は、ザ・フォーク・クルセダーズによって、アマチュアでもレコードをつくることができることを知ったのだった。

このインタビューで、僕は加藤和彦に『ハレンチ』制作の動機まで詳しくは聞いていないけれど、その後行われたインタビューで言及しているので目を通していただければと思う。

余談となるが、僕は二〇〇七年にきたやまおさむのインタビューブック『いま語る　あの時　あの歌』を書かせていただいた。その時、きたやまおさむは「ある（アマチュア）グループが自分たちのレコードをつくったというのを聞いた」のがレコード制作の動機だったと語ってくれた。

僕はこの加藤和彦のインタビューで、まさに日本の音楽史を「帰って来たヨッパライ」以前と以降に分けてしまってもかまわないほどの画期的なこの楽曲が、どうつくられたのかを彼自身の口から聞きたかった。

ちなみに、『ハレンチ』の制作予算と制作枚数について、きたやまおさむは「私が二〇万円借りてきて、三〇〇枚つくった」と語っていた。また、販売価格も一〇〇〇円と加藤和彦の話とは食い違っていたが、あえてそのまま掲載する。

――『ハレンチ』のレコーディングはどのくらいかかったんですか？

一日よ。だって総予算三五万円だもの。きたやまのお父さんから借りたんだもん。プレス代も入れてよ。その当時、結構な額。二〇〇枚つくったのかな、原価計算すると、一枚一一〇〇いくらで元だから、値段は一二〇〇円にしようと。良心的ですよ。印刷もシルクスクリーンの本当のやつだから、松山猛（2・8）が知ってた印刷屋。印刷屋で働いていた人を知ってるから、それを騙して、夜中に刷っちゃお、みたいな。すごいでしょ。皆が帰ってから忍び込んで刷っちゃう。

ほとんど昔からそればっかり。東芝へ行った理由もそれだもんね。「うちにはビートルズがいる」という高嶋（弘之）さん（2・9）の一言に、「会えるかもしれないよ」。なにが会えるかもしれないよ、だよ（笑）。

――「帰って来たヨッパライ」は、どうしてあのようになったのかを思い出してください。

まず、『リボルバー』なんだよね。本当に、テープの逆転とかいろんなことをやってるでしょ。そういうものをしたいと。たまたまオープンリールのテープレコーダーが一台あって、やってみたら、倍速の再生で声が変になるってことがわかった。これを使おうということがまずひらめいて。

曲は別にあったの。松山とは本当に死ぬほど曲つくったのよ。くだらない曲ばっかりだよ、本当に。毎夜毎夜、青き青年が松山の家で、月を見ながら、一二時頃とか二時頃とかこちょこちょつくったのよ。そのなかの一曲で、アメリカのフォーク・バラードの完全日本版。昔のフォーク・バラードっていう感じじゃない、一三番まであるみたいな。バラッド(2・10)だね。

早回しの曲とその曲が合うイメージがあったわけ。それを自宅で完全にメトロノームを見ながら、「おーらーはー、しんじまっただー」でやって、それをスタジオに持っていった。

その頃はきたやまが予算を管理してたから「あんまりスタジオ代は使うな」って言う。その頃から僕はプロデューサータイプで、「いや、音はこうじゃなくちゃいけない」とか結構指向が分かれてるわけ。でも、できる限り、今で言うプリプロだよね、きたやまの家の応接室がいちばん広かったから、そこでやって、スタジオに持ち込んでベースやってとか。スタジオは大阪の名前覚えてないけど、普通の貸しスタジオ。何チャンとかそんな世界じゃない。たぶん二チャンとか。

だから、まずテープレコーダーでいじって、なんかできるなと思ったのがひとつ。それから「ヨッパライ」って曲がもとからあったっていう。このアイデアに合わせて曲をつくったんじゃなくてね。

それに、変なことを加えたのがきたやま。「なあ、おまえ〜」とかああいうのがきたやまの部分で、あとはビートルズっぽいのは、「イッツ・ビー・ナ・ハード・ディズ・ナイト」はみんなが言い出して、お経をやったらあいつがいちばんうまかった。本当は僕のがうまいはずなんだけど。お経の文章は僕が教えたの。あれ本当のお経なのよ。「般若心経」の一部。

ピアノの「エリーゼのために」はあれしか弾けないからあれやった。あそこだけしか弾けない。あれ以上弾けない。あれとか間奏のピアノとかが僕。間奏のピアノもホンキートンクにしたいけど、ホンキートンク・ピアノなんかないじゃない。だからピアノのキャプスタンにテープ巻いてやったもん、こうこうやったらピッチが変わるって。必要は発明の母という、エジソンの……（笑）。だからひたすら僕は、ビートルズというよりも、この世にないような音を再現したいと。

――あの「ハード・デイズ・ナイト」のところの著作権は？

八小節以内だから平気なんでしょ？　それ。考えたことなかったな。すごい額だよ、いきなりマイケル・ジャクソン（2・11）から請求書が来たりして。

だから「帰って来たヨッパライ」は、まるでおまけだよね。アルバムに入れる曲が足りなくなっちゃったの。『ハレンチ』の曲は、全部オリジナルでやれないから、半分くらいはそれまでのライヴの、

放送局で流すためのテープだったの。新品でやってるのは、「イムジン河」と「ヨッパライ」と、あと覚えてない。

プロ・デビュー

「帰って来たヨッパライ」レコーディングの内情については、その後のインタビューでも詳しく語られているので、併せてお読みいただければと思う。

少しだけ補足すると、加藤和彦が語っている、倍速ができるオープンリールのテープレコーダーについて、きたやまおさむは「加藤和彦は、私のところにあった妹の英会話練習用のテープレコーダーを使ったって言うんだけれども、そんな高級なことをうちの妹がしていたとは思えないんだ」と述懐している。しかし、使用したテープレコーダーがきたやまの家にあったものということは間違いないようだ。

また、つくったはいいものの思ったように売れず、自宅に積み重なっていたレコードをさばくべく、放送局に売り込みをしたのもきたやまおさむだったという。その行為が「帰って来たヨッパライ」のブレイクを生んだ原動力だった。

ともあれ、「帰って来たヨッパライ」そして、松山猛が彼らに教えた「イムジン河」という、その後のザ・フォーク・クルセダーズにとって大きな意味をもつ二曲が収められていたがゆえに、この自主制作アルバム『ハレンチ』は、六〇年代の日本の音楽史において、もっとも重要なアルバムの一枚となったのだ。

そして、ザ・フォーク・クルセダーズも、一年限定という形ながら、プロとして活動を続けることになった。

——その時はもう、プロへの意識はありましたか？

いやいや、全然ない。面白いから単にやってた。

——プロとしてザ・フォーク・クルセダーズをやっていた時も、アマチュア意識しかなかったんでしょうか？

全然ない、レコード売れた時も、ない。一切、プロになろうとは思ってなかった。

プロになろうと、完全に自覚を持ってこの道でやると思ったのはだいぶ後。フォークル解散して、一人でこちょこちょ歌ってて、アメリカに行ったりして、こんなに髪が長い頃も本気でやろうとは決めてなくて、単に面白いからとか、ライヴも適当に出りゃお金も入るし、みたいないい加減な動機でやってた。そしたらある日、日比谷野音に、ＬＦの亀ちゃん（亀渕昭信）（２・12）が来て、「カズ、音楽をやめるな」。

僕は、別にこれでずっとやって行こうとは思っていなかったわけ。それほど正規の音楽教育を受けてるわけでもないし。自信がないっていうほど自信がなくもないんだけど、あんまり根拠がないから、決めかねてずるずるやってたんだけど、亀がある日突然楽屋に来て「カズ、やめるな」って。別にそれ相談したわけじゃないのよ。

その時に決めたの。だから実は、プロを決心させたのは亀ちゃんなんですよ。

——ザ・フォーク・クルセダーズをプロとしてやる時に一年限りにしたのはどうしてですか？

あれはね、主にきたやまの理由だよね。きたやまが医学生だから、彼は進路が決まってるわけですよね。でも、一年間は学校封鎖で活動できたから、「加藤、一年やろう」と。

僕は朝寝てたのね。大学の一時限目をさぼって。つまんないから。朝の何時くらいかな、いきなり僕のベッドルームに入ってきて、「加藤」。パッと起きたらきたやまが居るわけ。あいつはそれまでもいつも来ていて、フォークルどうしようなんか話してたんだけど、朝に突然、あいつが人の枕元に立って「加藤、やろう」。「一年やろう」っつうから、なんか寝ぼけ眼で「うーん、いいよ」とかなんか、ほとんどわけのわからない話なんだけど。

――覚えてない？

そう。そうなんですよ、実は。これは誰にも言ってないから、ほんとに。寝起きを襲われた。

――はしだのりひこさんが入ったのは？

他のみんなは家業を継ぐとか就職が決まったとかで、出来ないっていうんで、きたやまは杉田二郎とか、もう一人ほかのグループの子とかを推薦したんだけど、僕はなんとなくカンというか、はしだがいいと。彼も何もしてなかったから。きたやまもあんまり反対せずに、「じゃ、はしだで行ってみよう」って急にはしだになって。なった途端、三日目くらいにいきなり「11PM」（2・13）に出るって。**それからわけのわからないまま、「おはようございます」も知らないままに、その道に。**

大島渚

一般に知られているのは、ここからのザ・フォーク・クルセダーズだ。加藤和彦、きたやまおさむ、そしてやはり京都のグループ、ドゥーディー・ランブラーズで活動していたはしだのりひこの三人によるザ・フォーク・クルセダーズは、いきなりマスコミの寵児となる。

「帰って来たヨッパライ」という前代未聞のインパクトを持った曲と共に、芸能界、歌謡界の枠の外から突然現れたわけのわからない若者たちを、メディアはどう扱ってよいのか戸惑いながらも、彼らがなにかこれまでにない形のエンターテインメントをもたらしてくれるのではないかという期待も抱いていたのだと思う。

この時期、ザ・フォーク・クルセダーズは高石事務所に所属する形で活動していた。高石事務所は、当時、関西を拠点に活動していたフォーク・シンガー、高石ともや（2・14）の事務所として秦政明（2・15）が設立したプロダクションだった。そして、岡林信康（2・16）、中川五郎（2・17）、五つの赤い風船（2・18）など、当時のアンダーグラウンド・フォークの中核を形成するミュージシャンたちをマネジメントしており、六九年には日本初の本格的インディーズ・レコード会社であるURC（アングラ・レコード・クラブ）を発足させるなど、既成の芸能界、音楽界に対峙する新興勢力的存在だった。その代表である秦政明が、ザ・フォーク・クルセダーズがプロ活動を行うにあたって相談にのったことから、彼らも高石事務所の所属となり、楽曲著作権管理も高石事務所傘下のアート音楽出版が行うことになった。

アート音楽出版は、管理の杜撰さで後に所属アーティストとトラブルを起こしたりもするが、この時点でザ・フォーク・クルセダーズが、既成の芸能界と一線を画した関西のフォーク新興勢力を拠点に活動していったことは、彼らが既成の芸能人と一線を画したプロ活動を行うにあたって、防波堤的な役割を果たすことにもなっていたのではないか、とも思う。

——ザ・フォーク・クルセダーズは高石事務所の所属になっていましたか？

そうじゃないかな。秦さんが、売れる寸前に、即、契約書持ってきて、僕は気にしないほうだけど、きたやまが全部チェックして「いいな」とか言って。意外とすごいのよ、きたやまはそれが。

――かなりギクシャクはありましたか、業界と。

いや、なんにもない。だって、僕らは一年しかやるつもりないし、責任感ないから、行って嫌なら帰ってきちゃうっていう。本当に帰ってきちゃったのも結構あるんじゃないかな。マネージャー、秦（政明）さんが苦労してた。帰っちゃうから。

大島渚（2・19）と喧嘩して帰ったもん、僕。『帰って来たヨッパライ』という映画に出たでしょ。あの人はああいう性格だから、くだらない理由なんだけど、怒るおじさんじゃない。半分くらい撮ってたころ、変な軍服を着るみたいなシーンがあって、自分とこのプロダクションの制作でお金がないから、衣装なんか出来合いじゃない。サイズが短いのよ。「こんな小さいの着るのヤダ」って言ったら、「違うんだよ、加藤君。そういうものじゃないんだ」とか得意の鼻声でいうから、「それはわかるけど、これが嫌だって言ってるんだから、違うのだっていいでしょ」って言って。そうしたら映画論になっちゃってさ、「そんなの嘘や」とか言って帰っちゃって、一週間くらい失踪した。そしたら謝るっていう感じじゃないけど、ちゃんとした衣装をつくるからって言ってきた。くだらないのよ、理由は。大島さんも変わらないよね。なんとなく僕らを使ったのも、『戦場のメリークリスマス』で教授（坂本龍一）を使ったのも、メンタリティーは同じだね。

――それも嗅覚みたいなものでしょうね、きっと。

完全そう。理由ないよね。『戦メリ』は残ったけど、『ヨッパライ』は彼の作品のなかで、一番の駄作として名を馳せている。変に考えすぎて、いわゆる朝鮮問題みたいなのを入れちゃったの、映画に。だからわけのわからない映画になった。だけど若かったからね、彼も。

――それは「イムジン河」の話がひっかかっているんでしょうか？

じゃなくて、よく理屈はわからないけれども、なんか妙に無理やり朝鮮問題が裏にあるようなストーリーにしてしまったのね。

――ザ・フォーク・クルセダーズのテレビ番組がありましたね。

「メイト・7」（2・20）。あれは、毎日放送の平野さんていう、今はやめちゃってるけれど、毎日放送の株主と関係あるディレクターで、何をしても平気っていう豪儀な人がいて、好き勝手にやっていた。もうなにやってもいいっていう変わった人で。

――あれはテーマがあったんですか？

いや、テーマなんかない。「来週、新曲を使います。つくってください」って言うから、出来ないって言ったら、「出来ないなら出来ないって言っちゃっていいですよ」って。「出来なかったら今週はやりません」とか。そんなような、クレージー・キャッツ（2・21）の「おとなの漫画」（2・22）に近いような。

僕もきたやまも大好きだったから、ギャグがね。だからまあ、本屋さん（台本作家）は居たけれども、やってるアイディアみたいなものは自分らが馬鹿やってることで。多分、今観ても面白いんだろうね。毎回、雰囲気が違う。フォーマットがないんだもん。だから「今晩は」「また来週」がない番組っていう。でも、大分続いたんじゃないかな。あれは見ている人が多かったから。

「悲しくてやりきれない」

レコード会社各社の争奪戦を経て、「帰って来たヨッパライ」は東芝音楽工業（当時）から一九六七年一二月二五日に発売され、たちまち二〇〇万枚を超える大ヒットとなった。その結果を受けて、二月にセカンド・シングルとして『ハレンチ』にも収められていた「イムジン河」がリリースされることになった。強烈でブラックな笑いに満ちた「帰って来たヨッパライ」とはまったく違う抒情的なメッセージ・ソング「イムジン河」はステージでも人気の高い曲で、ヒットが期待されると同時に、ザ・フォーク・クルセダーズというグループの新たな魅力をアピールするハズだった。

しかし、発売直前に待ったがかかった。韓国（大韓民国）と北朝鮮（朝鮮民主主義人民共和国）の境界線ともなっているイムジン河をテーマにしたこの曲の発売に対してクレームがついたのだ。

——「帰って来たヨッパライ」の次が問題の「イムジン河」ですね。

そこらへんは僕ら三人ともシャープだから。英語で言うスマート、あんまりいい意味じゃないんだけど、それ知ってるから「ヨッパライ」の後に二番煎じなんか出すわけがない。カンで知ってるから。だから「イムジン河」でやって、ダメ事件で、いきなり。

——発売中止を知った時の加藤さんの反応は？

いや、「あ、そう」。軽いの。レコード返してくださいって言われて、ああそうですか、って返しちゃったから持ってない。全然気にしていないこの態度。反抗もしない。

——でも、ラジオでは流れてましたよね。

演奏するぶんには構わないけれどレコード発売がね。クレームが両方から来たのね。朝鮮総連のほうは、北の歌だからうちの歌を出すのはけしからん。韓国のほうにしてみれば、北賛歌だからそんなもん出すんだったら東芝製品買わないぞって、東芝に圧力が来ちゃったわけ。両方から来たから、どうにもしょうがないの、もう。きたやまはレコード返さないでしっかり持ってたけど、僕返しちゃった。そういう性格なんですよ。こだわらない。ああ、そうですかって返しちゃった。

これも知る人ぞ知る話だけど、レコードに関するコントロールは全部フジパシフィック（当時はパシフィック音楽出版）がしていたの。その頃、石田（達郎）さん（2・23）が健在で、重役室、でかいのががーんとあって、その横の三分の一くらいのスペースがフジパシフィック。重役室のがでかい。

そこに僕呼びつけられて、石田さんは、「こういうわけで発売中止になった」という言い方しないで、「加藤、次出さなきゃなんないから、曲つくれ。ギター持って来させてあるから」。

あるんだよね、ギター。「ここを三時間貸してあげるから、つくりなさい。鍵かけるよ」と出てっちゃって。確かめたらホントに鍵かかってて、「あのヤロー」。悔しいから、「イムジン河」のコード全部書いて、それを逆からたどって。そのまま曲つくったんだよね。それが「悲しくてやりきれない」。ちょうど三時間したら、帰ってきて、「出来たか？」「はい、出来ました」。「じゃこれからサトウハチロー先生（2・24）の所へ伺うから」。

全然詞のことなんか聞いてないわけよね。きたやまが書くんだと思ってたから。いきなりサトウハチローでしょ。「これから行くから」。いきなり連れて行かれて、それは僕だけ。駒場の方かな。豪華じゃないけど、広くて、しもた屋風の家で、奥さんか女中さんが出てきて、応接間みたいな所に通されて、お茶なんか出て。待てど暮らせど出て来ないんだよね、三〇分くらい。こっちは閉じ込められてつくって「サトウハチローなんて不良おじさん、どうすんのよ」と思って。三〇分くらい経ったら、ホントにあの感じでいきなり来て、「あ」とか。

僕らのことは全然知らないわけよね。石田さんとは知り合いだから、全然違う話をしてるわけよね。「先生、ひとつお願いしますよ」。僕はなにも言ってないけれども、向こうは「あ、あ、」とか言って、曲を聴きもしないしさ。その話は五分くらいで終わっちゃって、「じゃあ、どうも失礼します」って帰って。その夜は、ご飯くらい御馳走してくれたのかな。
一週間くらいで詞ができてきて、ぱっといきなり見たら、「悲しくてやりきれない」。今から見ると不自然じゃないけども、すごいよね。タイトルが。見たら「もやもや」とかなんとか、「なに、この詞」と思ったんだけど、歌ったらすごい合ってるのよね。それでやっぱりすごいなあと思って、アレンジとかしてレコーディングしたんだけどね、やっぱりすごいよね。

――サトウハチローをはめるというのは石田さんのアイディアだったんでしょうか？

最初から考えていたんじゃないかな、発売中止ってなった時に。

――サトウハチローさんは曲を聴いて詞を書いたんでしょうかね。

一応聴いたんじゃないかな。はまってるよね。この間、僕がやるから何回か歌ってるわけね。どういう曲順にしようとか。なんかよけい感じ入るものがあるよね。自分でつくって変だけど、自分でつくった意識がないわけ。「バカヤロー」っていうんでコードをさかさまにつくったくらいだから、他人の曲のような感じなわけ、自分にとっては。歌ってみると、なかなか深いんですよ、さすがだなと。

――ということは、ザ・フォーク・クルセダーズは曲先でつくってたんですね。で、アルバム『紀元貳阡年』になります。

きたやまが曲先じゃないとできなかった。アルバムつくることになった時に、完全『リボルバー』のイメージで。当時としては東芝にしてみれば異様な制作費がかかったんじゃないかな。それから軋轢が始まったともいえるけど。まだ四チャンだったのね、テープレコーダーが。四トラックをいろいろ全部使って。

サエキ〈けんぞう〉君（2・25）なんかが過大評価してるけど、「あれは日本の『サージェント・ペパー』だ」って。僕は言った覚えはないんだけど見抜かれてて。いろいろその当時の稚拙な知識ながら、実験はしているけどね。

――「オーブル街」も、初めて聴いた時から忘れない曲です。

あれは、まあ、サウンド・コラージュもしてるし、いろいろ入れて。

松山猛の家っていうのが、京都の僕の家に帰る途中にあって、だいたい夜の一〇時くらいからあいつの家にしけこんで。たいして大きい家じゃないんだけど。そこでギター持って、あいつは言葉の天才というか、字を書いてるのが好きだから、あの当時、彼は一日に大学ノート半分くらい書いていた。、詩というか文というか、わけのわからないの。放っといたら書いてる、どこでも。夜、適当に、酒は飲んでなかったけど、なんとなく話しながら一日一曲ずつくらいはつくってた。

あんまりロクなのはなかったと思うけども。そのなかのつくってあった一曲なの。だから、このアルバムのためにつくったわけではなくて、好きだから持ちだしてきてつくって、非常に、若き、青き、青年二人だったから。しかもまだ行ったこともないフランス。あいつもフランスかぶれっていうとこあって、僕もフランス好き。行ってみたいなと思ってて、読めもしない、あいつがいっぱいフランス語の、今はもう無くなっちゃったけど、『トパーズ』っていう、こっちでいったら『ブルータス』みたいなフランスの雑誌をいっぱい持ってて、それを見たりしながらワアワアやって夜中つくっていた曲のひとつで、僕も好きよ、あの曲すごく。

プロ活動

「イムジン河」発売中止を受けて急遽制作された「悲しくてやりきれない」は三月二一日に発売された。この曲は「帰って来たヨッパライ」には届かなかったもののスマッシュヒットとなって、ザ・フォーク・クルセダーズが豊かな抒情性をも持ったグループであることを一般層にアピールした。

結果的に、「悲しくてやりきれない」という曲は、加藤和彦たちが「イムジン河」で目論んだ、「帰って来たヨッパライ」とは違うザ・フォーク・クルセダーズの表情を見せるという役割を果たすことにはなったが、「イムジン河」がそのまま発売になっていたら、果たしてなにが違っていたのかを考えてみることも意味があるだろう。

「イムジン河」という曲がつくられたいきさつはともあれ、ザ・フォーク・クルセダーズはこの曲を、平和へのメッセージ・ソングとしてレパートリーにしていた。しかし、この曲をシングルとしてリリースすれば、学生運動、反戦運動などが激化しつつあった社会情勢からしても、純粋な平和へのメッセージに留まらないポリティカルな反応を引き出す可能性が強いことは予想できないことではなかった。

もし、「イムジン河」がそのままセカンド・シングルとしてリリースされていたとすれば、ザ・フォーク・クルセダーズは、より社会性の強いグループと評価されることになっていたかもしれない。それによってザ・フォーク・クルセダーズの音楽性が変わることは無かったかもしれないけれど、彼らに対する風当たりがより強いものになっていたことも考えられる。

しかし、今から振り返ってみれば、「イムジン河」が発売中止になったということも、ザ・フォーク・クルセダーズの表現のひとつだったと考えていいのではないかと思う。「イムジン河」という曲をシングル・リリースしようとしたことで、彼らは現実の壁とぶつかり、その事実を自分たちだけでなく、リスナーにも見せることになった。純粋に想いを表現しようとする行為が、社会との思わぬ軋轢をつくり出してしまうことがあるのだということを見せる。それは、結果的にシリアスなパフォーマンスとしての意味をも持っていた。

彼ら自身は、そうした騒動からは「悲しくてやりきれない」、そしてそれ以降のリリースという形でスマートに身をかわしていったけれど、「イムジン河」の発売中止の経験が、企業サイドの都合によってレコード・リリースを妨げられることのないインディーズ・レーベル、URC設立の原動力になっていったことにも触れておきたい。ザ・フォーク・クルセダーズの「イムジン河」の発売中止、そしてその直後に起きた岡林信康の「くそくらえ節」の発売中止を受けて、秦政明は自分たちの表現を守るレコード制作・通販システムとしてURCを一九六九年にスタートさせた。

すでに解散していたこともあって、自分たちはURCからレコードをリリースすることはなかったけれど、ザ・フォーク・クルセダーズの〈表現〉がURCを誕生させたことも、彼らの足跡を見る時に、見落とすことはできない。

しかし、逆に、こうした彼らの活動における社会性の部分だけをクローズアップし過ぎることも危険だと思う。

一九六〇年代後期、世界は大きな価値の転換時期を迎えていた。アメリカ合衆国とソビエト連邦をそれぞれの頂点とする東西対立だけでなく、アジア、アフリカなどの旧植民地の独立運動、さらに、アメリカの公民権運動などの人種差別への抗議運動の高まりなど、それまでの世界情勢のバランスが大きく揺らいでいった。そして、こうした世界の価値観の変化は、第二次大戦後のベビーブーマー世代の台頭によって、さらに加速されていく。アメリカ、フランス、ドイツなど、世界中で学生を中心とした社会変革を求める運動が起き、激化していった。

もちろん日本も例外ではなかった。全国で学生層を中心に社会意識が高まり、不明朗な大学運営や不正への抗議としてのストライキなども増えていった。まさに、この時期に大学生だった加藤和彦やきたやまおさむが、そうした時代の空気を感じていなかったはずもないし、社会的矛盾を見抜く力も十分に持っていただろう。なにより、ザ・フォーク・クルセダーズが一年間プロ活動をすることが可能になったのも、加藤和彦の話によれば、きたやまおさむが通っていた京都府立医科大学が学校封鎖になり、時間的余裕が出来たことが大きかったのだから。

しかし、加藤和彦が「ノンポリだった」と言うように、彼らは社会的メッセージの主張を前面に打ち出して活動していたわけではなかった。ザ・フォーク・クルセダーズが積極的に表現していこうとしたのは、それまでに前例のないオリジナリティのある表現であり、彼らがザ・ビートルズをはじめとする欧米の同世代アーティストたちから受け継ごうとしたのは、その音楽の表面的な表現だけでなく、クリエイティブなアーティストとしての姿勢だった。

そんなザ・フォーク・クルセダーズの音楽に、この時代の若い世代が強く共感したのは、彼らの音楽から伝わる実験精神と、それを貫いてしまうがむしゃらなパワーが、多くの若者が抱いていた、時代の閉塞感を打ち破りたいという想いと重なったからではないだろうか。

——「帰って来たヨッパライ」をラジオで初めて聴いた時に、日本でもこんなことをできる人がいることに驚いたんです。それは、本人たちがどういう意図でやろうとも関係ないことです。本人たちはいい加減に、面白いからやったとしても。

でもみんなそうじゃない。ビートルズだって、たぶん面白いからやろうよってやってるんだよ、きっと。

――もしかしたら、こういうのを入れとくと、こういうふうに思う奴がいるかな、くらいは考えてるかもしれないけど。でも、ともかく日本の歌謡シーンでは、ああいうことをやってもいいんだっていう人はいなかったわけで。

ああ、その時にはね。それは僕らすごい得をしたと思うよ。ああいう立場のグループ無かったからね。たとえば、テレビ局って変な所でヒエラルキーがきついじゃない。今はまあ違うだろうけれども、あの頃は「ヒット速報」って言ったんだけどさ、フジテレビがやってたんだけど、後半は違う名前だったんだけど、いわゆるヒットパレードの番組って、ヒエラルキーがいちばんあるわけ。僕らはそんなの関係ないけどさ、こんな所いやだって言って存在しても、まあ許されたっていうか、彼らは学生だしアマチュアだからいいんでしょ、と思ってたんだと思うけど、得は得したと思うよ。

――歌番組なんか見ても、フォークルは異質でしたよね。

だから、GS（2・26）もね、楽屋で一緒になるわけじゃない。話してることも、歌謡界のマネージャー達が話してるような会話ってあるじゃない。僕らは別に芸術論を闘わしてるわけじゃないけ

ども、少なくとも普通の話はしてるわけよね。でも、彼らは普通以下の話をしてて、なんだこいつらっていう感じはあったね。それは音楽にも出ちゃうっていうか。

いちばん僕が好きだったのは、ザ・ゴールデン・カップス（2・27）。ほかとは違ったよね。意外と仲良いんだけど、ああいう怪しげな人たちと。かっこ良かった。やっぱりカップスはなんとなく本物臭いし、ロックっぽい。

ザ・ズートルビー

ザ・フォーク・クルセダーズは、一九六八年七月一日、三枚目のシングル「水虫の唄」をリリースした。しかし、「水虫の唄」は彼らのオリジナルではなく、神戸のフォーク・グループのメンバーがつくった曲をカヴァー（改作）したものだった。

当時、メジャー系レコード会社は、学生を中心としたフォーク・ソング・ムーブメントに注目はしていたが、社会的リアリティを持ったメッセージ・ソングには手を出そうとはしなかった。彼らが好んで売り出そうとしたのは、学生フォーク・グループが歌う、毒のないラヴソングだった。さわやかで小ぎれいな学生生活のシーンをイメージさせるような青春歌謡的な楽曲が、カレッジ・フォークのキャッチフレーズで次々と市場に投入され、テレビなどのマスメディアを通じて最新流行の音楽としてプロモーションされていった。

日本の音楽業界は、フォーク・ソングやロックのムーブメントを、あくまで〈流行〉のためのギミックとして抑え込もうとした。海外のフォーク・ソングやロックのムーブメントが内包していた、自分たちの既得権を揺るがしかねない革新性はできる限り排除しようとした。

その結果生まれたのが、フォーク・ソングやロック・ムーブメントの日本的変種であるGSであり、カレッジ・フォークだった。六〇年代のフォーク・ソング、ロック・ムーブメントの日本的変種として生まれたGSやカレッジ・フォークは、現在から俯瞰すれば独自の面白さや魅力もあるのだが、同時代の目で見れば、それはフォーク・ソングやロックの歌謡曲化そのものだった。

「水虫の唄」は、そんなカレッジ・フォークの風潮を、パロディの形で皮肉った曲だった。そのパロディという意図をより明確にするためか、彼らはこの曲をザ・ズートルビーという変名でリリースした。

――ザ・ズートルビーってなんだったんでしょう。

僕もなんだったんでしょうねと。全然理由はない。単に「水虫の唄」って、『バイタリス・フォーク・ヴィレッジ』(2・28)で、変な歌だっていうんで。他人の歌だから、その名前で出すのもしゃくだし、でも面白いなと思うんで、ビートルズのことを逆さ言葉でズートルビー、全然語感が悪くて、あまり使ってなかったんだけど、勝手に自分らではビートルズのこと言ってた。だから、じゃ、それでいいか、みたいな。そういう根拠レス、極致。

――でも、いちおう覆面グループ的な仕掛けもありましたね。

あれは東芝が勝手にやった。僕らが覆面にしようっていうわけじゃないんだけど、どうせわかるわけでしょ。そしたら名前変えて出そうよっていう。そう言うと、すぐに乗る人がいるわけですよ。あの頃は高嶋さんかな。

――乗ってみようというのは、メンバーのなかで?

どっちかというと、きたやまが結構イニシアティブとってたから、あれに関しては、向こうのオリジナル固執派じゃない？　だから出来心、もはやちょっと流行っているっていう。

ジャックス

「水虫の唄」以外で、ザ・フォーク・クルセダーズによるカヴァー曲としてとくに印象的だったのが、ジャックス（2・29）の曲だ。

ジャックスはちょうど・ザ・フォーク・クルセダーズと同じ頃に、東京をベースに活動していたロック・バンドで、メンバーは早川義夫（ヴォーカル）、水橋春夫（ギター）、谷野ひとし（ベース）、木田高介（ドラムス）。一九六八年に水橋が脱退してつのだひろ（ドラムス）が参加している。ジャックスは、当時の歌謡ポップス色の強いGSとは対極的な、アヴァンギャルドで情念的な世界を個性的表現で描き、アンダー・グラウンド・シーンで異彩を放つグループだった。

ザ・フォーク・クルセダーズは、そんなジャックスの曲をステージでよく取り上げていた。リリースされているザ・フォーク・クルセダーズのライヴ・アルバムにも「からっぽの世界」（『当世今様民謡大温習会（はれんちりさいたる）』収録）「時計をとめて」「遠い海に旅に出た私の恋人」（『フォークルさよならコンサート』収録）と三曲のジャックスの曲が取り上げられている。

ザ・フォーク・クルセダーズとジャックス。その関係は、ぜひ加藤和彦に聞いてみたいことのひとつだった。

——ザ・フォーク・クルセダーズは、ステージでよくジャックスの曲をやってましたよね。ジャックスについてはどんな興味がありましたか？

僕だけだけどね。**木田君を通じて早川君**なんかを知ってたから。**木田君は助っ人**で、よく**僕**らのレコーディングにも**来**てたわけよ。いちばんの**学識経験者**ということで。

——音楽関係で知ってたんですね。

やっぱり**木田君**じゃないかな。なんか**好**きだった、**理由**なく。きっかけはなんだか**知**らないけど、**水橋**とも**仲良**かったから。**今**はわけわからないことやってるけど（この**当時**、**水橋春夫**はアイドル・

グループ、WINKのディレクターだった）。あれはどうしちゃったんだろうっていう。早川君だけはまだ真面目に、すごいからね、清貧が。

カッコよく言えば、ジャックスって日本のドアーズ（2・30）みたいなところあるじゃない。感じが。自閉症のドアーズ。僕のなかにないものを彼らが持ってたから、たぶん、ああいう曲は僕はつくれないだろうなと思った。

――最初に聴いたジャックスの曲は何でしたか？

なんだろう、覚えてないな。生というより、レコードになってからじゃないかな。生を観たことももちろんあるけど、ヘタヘタだもんね。ヘタを超えた存在感だけ。

すごいよね、でも、あの頃の言葉で言えば、アート・ロックしてるよね。いちばんロック心があるのは、ジャックスとはっぴいえんど（2・31）だと僕は本当にそう思うな。屈折してるけど、西洋そのままのロック心っていうの。かっこいい悪いを超えて言うと。

――当時、ジャックスとフォークルがパッとは結び付かなかったんです。

僕だけだよね。きたやまとはしだなんか全然、相手にしてないんじゃない。そこから違う道に。あそこで別れちゃうっていうこと、はっきり。解散するってわかってるから、ジョンとポールじゃないけれども、完全僕だけ孤立してたのね。後半は、はしだはもう、僕には言わないでシューベルツ（2・32）を準備してて、きたやまはそっちにずっと詞を書いてたでしょ。フォークル解散の時にはもうやっていた。僕は、まあいいんじゃない、わが道を行くで、僕対二人っていう図式になってしまった。

――えっ、それは加藤さんがそう思ってただけじゃないですか？

そうかな。恨んでるわけじゃないけど、明らかに元から趣味が違う三人が寄ってるから、そうなるのは目に見えて、普通のバンドだと、三年目に出るくらいのことが、八カ月しかやってないから、だいたい六カ月目くらいで出てるわけよ。精神的解散は。

――外から見ていると、はしださん対二人みたいにも見えてましたけど。

まあ、あの頃のきたやまは体制派だからさ。わたしは反体制だから。どっちかというと、あの頃いちばんそれが強く出て。和解第一弾みたいなのが「あのすばらしい愛をもう一度」。別に喧嘩してるわけじゃないけど、内面的な話で。お互い、言わないけど。

――でも、ジャックスの曲をライヴでやったというのは、当時、すごく印象的なことでした。

いきなり「僕、唖《オシ》になっちゃった」だもんね。あれ、唖っていいのかな。

一九六八年一〇月、ザ・フォーク・クルセダーズは「フォークル・フェアウェル・コンサート」を行って解散する。

ザ・フォーク・クルセダーズについて、聞くべきことはもっとたくさんあったような気がする。たとえば、ザ・フォーク・クルセダーズの解散後の一九六八年一二月に、五木寛之作詞によるシングル「青年は荒野をめざす」をリリースしたことについても、聞けていない。

しかし、加藤和彦がザ・フォーク・クルセダーズによって劇的に日本の音楽シーンに登場し、それまでの日本の音楽業界のシステムと軋轢を起こしながら、自らのイメージする表現を主張していった姿は、十分に語ってもらえたと思う。

そして、加藤和彦は、次の一歩に踏み込んでいく。

3　ソロ活動

アメリカ旅行

ザ・フォーク・クルセダーズ解散後、いち早く次の動きを展開していったのは、はしだのりひこだった。一九六八年一〇月に行われたザ・フォーク・クルセダーズの「フォークル・フェアウェル・コンサート」では、はしだのりひこの新バンド、はしだのりひことシューベルツでの演奏も聴かせている。はしだのりひことシューベルツは、一九六九年一月一〇日にシングル「風」をリリースし、大ヒットさせた。ちなみにこの曲の作曲ははしだのりひこ、作詞はきたやまおさむが手がけていた。

そのきたやまおさむは、一〇月一七日に大阪で行われた「フォークル・フェアウェル・コンサート」最終日の直後、横浜から旅立った。シベリア鉄道でソ連を横断し、約三カ月間に及ぶヨーロッパ放浪の旅を行っていたのだ。

加藤和彦もザ・フォーク・クルセダーズ解散後、旅に出た。しかし、彼が向かったのはきたやまおさむとは逆方向のアメリカ。降り立ったのは、ヒッピー（3・1）・カルチャー真っ盛りの花のサンフランシスコだった。

――ザ・フォーク・クルセダーズが解散した時に高石事務所との契約も切れたんでしょうか？

僕は切れて、LF系のパシフィック・ミュージック、なんかPMPと似たような名前のプロダクションをつくって、僕専用というかフォークとかのね。そこのマネジメントでやった。僕がギンガム(3・2)をつくるまで、そこでやってた。ギンガムをつくってからは、そこで。

――解散後、とりあえずどんなことを？

フォークル解散して、印税が適当に、アート音楽出版から、騙されつつも、巨額ではないけれど

も一応入ってきて。あの当時の学生にしては巨額だよね。入ってきたから、「旅行行くべー」って言って、いきなり行ったのがアメリカのサンフランシスコ。もうそしたら、いきなり思い描いていたアメリカとは全然違う。

それまで知ってるのが『アメリカン・グラフィティ』(3・3)的なアメリカじゃない。それと、ちょっと東部の、『メンズクラブ』なんかで知ってるIVYリーガーとか。サンフランシスコなんていきなり違う人たちがゴロゴロいる。あれ、アメリカってこんなのかなと思って、結構そっちにもう、急にバッと変わっちゃったわけ。


――これもいいなと。


このへんが得意のあれで、今でいうとこれいちばんナウいじゃない、と変わっちゃって。どうせいつ帰るかも決めてないから、ぶらぶらサンフランシスコにいて。

フォークルの後だから六九年かな。だからヒッピー真っ盛りよね。いきなり空港からみんなニコニコ笑って、ピースな奴だなみんな、なんて思っていた。今思えば違うんだけど。

いろんなアメリカ廻っているうちに、だいたいアメリカはこういうものだなってのがわかって。

一気にそこへ、っていうのが面白いんですよ。情報が一切無いまま、ヒッピーだからね。いきなりだから。その当時、フォークルの場合、ビートルズのコピーみたいなもんだから、髪の毛も適当。今見るとあれがなんでロングヘアかっていうくらいだよね、マッシュルーム・カットって。ずっと三カ月くらい放っておけばそのくらいになっちゃうかな。帰ってきて延々放っといたら長髪になった。そういう意味じゃ、日本ヒッピー第一号だったからね。それで、今もう亡くなっちゃったけど、電通の人がみつけて、CMに出たのがゼロックスの「モーレツからビューティフルへ」で。当分はその道なんですよね(笑)。

ヒッピー

ゼロックスのCMは僕も観たことがあった。銀座通りを「BEAUTIFUL」と書かれた紙を持ったヒッピー風スタイルの加藤和彦が歩いていく。そして最後に「モーレツからビューティフルへ」というテロップが流れる。

このCMは、その前年の一九六九年にオンエアされた丸善石油のCMで使われた「オー、モーレツ!」

というコピーに象徴される、がむしゃらに働く企業戦士的生き方へのアンチテーゼとしてつくられたもので、ディレクターは伝説のCMディレクターと言われた杉山登志だった。六〇年代から数多くのCMを手かけ、数々の賞も受賞してきた杉山登志は、大きく価値観を変えていく時代のなか、一九七三年に「リッチでないのにリッチな世界などわかりません　ハッピーでないのにハッピーな世界などえがけません　『夢』がないのに『夢』を売ることなどは……とても　嘘をついてもばれるものです」という遺書を残して自殺してしまう。

しかし、この「モーレツからビューティフルへ」というCMが、この時代の日本に向けられた優れたメッセージだったことは間違いないと思う。

改めて振り返ってみて、ザ・フォーク・クルセダーズ解散後にアメリカを訪れたことは、その後の加藤和彦にとってきわめて大きな体験だったのだろうと感じる。当時は海外旅行そのものは自由化されていたけれど、一ドル三六〇円の固定レートで、しかも一回の渡航の外貨持ち出し額は五〇〇ドルに制限されていた（一九六九年四月に七〇〇ドルとなる）。

とにかく、今のように気軽に海外に出かけて行ける時代ではなかったし、入ってくる海外の情報も少なかった。とくに、エスタブリッシュと対峙するサブカルチャー、カウンター・カルチャーに関する情報はきわめて少なかった。アメリカでは一九六三年にデビューしているボブ・ディランのレコードが、日本では一九六五年になって初めてリリースされたように、新しい音楽ムーブメントが紹介される動きも鈍く、そうした音楽に接しようと思えば、加藤和彦のように輸入盤で聴くしかなかった。

そんな日本から、ヒッピー・ムーブメント真っただなかのアメリカにいきなり飛び込んだ加藤和彦が大きな影響を受けなかったはずはない。おそらく彼は、直接アメリカのカウンター・カルチャーに触れて、ザ・フォーク・クルセダーズでトライしてきたことに確信を持ったに違いない。そして、リアルなヒッピー・ムーブメントの影響を、さらに次の展開へと結び付けていくヒントも手にしたのではないか。

ヒッピー・カルチャーの日本への展開として音楽活動を考えるとしたら避けて通ることはできないのではないかと思って、こんな質問もしてみた。

――あえて伺いますが、ドラッグ関係は？

フォークルやめて、サンフランシスコ行って、いきなりそっちで覚えてる。日本にはないんだもん。**向こうでぶっ飛んでるだけ。**

――あえて伺ったのは、ドラッグがわからないと、当時のサイケデリックな音楽やカルチャーって、

本当にはわからない部分があるのではないかと感じてるからなんです。

　これを通らないと、やっぱりわからないものあるんですよ。スティーブ・ジョブス（3・4）なんてアップルコンピュータつくった人、かつてヒッピーの親玉だったのね。アップル関係者、いろんなソフトつくっている人、いま僕が使ってるパフォーマーっていうソフトウエアも、つくったのはみんなヒッピーだからね、同じくらいの歳の。

　だから会うと、みんなセイム・エクスピアレンス。だからどっかみんなおかしいんだよね。おかしいっていうことはないけども、共通項があるんですよ、不思議な。だから、つくっているものも、なんかどっか、言葉じゃ説明できないけど、あるの。サブカルチャーの匂いが。リアクションとかね。

――ヒッピー・カルチャーは、実は今も根強いですよね。

　だって去年（一九九二年）かな、アメリカの興行成績第一位、グレイトフル・デッド（3・5）でしょ。ダントツで。あれ、すごいよね。ビデオなんか見ても別にたいしたもんじゃないよね。延々四時間やってるだけで、ああいう浸りたい気分、あの世代が集まってるわけでしょ。音楽って問題じゃなくて。

――あの世代が親になっているから、子供たちも来るんですね。

子供に無理やり教えてる。ちょうど同じだから、僕、今四六歳でしょ。みんな四六〜四七歳で、子供が二〇歳くらいだから。親子でグレイトフル・デッドなんてうらやましいよね。親子でミカ・バンドっていうのも居たけど。

あれを体験しているかしてないかっていうのは、やっぱりなんかあるよね。ドラッグ礼賛とは全然違う話でね。

二度目のアメリカ

一九七〇年七月、加藤和彦は再びアメリカを旅している。これは「ヤング・ジャパン・ツアー」という団体のツアーに参加したもので、この年に開かれた大阪万国博覧会の音楽イベントを制作した若い音楽プロデューサーの細川健（3・6）が呼びかけた、日本のミュージシャンや若者が、音楽を演奏したりアメリカの若者と交流しながら全米を旅するという企画だった。

このツアーには、加藤和彦と結婚したばかりのミカ夫人（3・7）の他、きたやまおさむ、杉田二郎、さらに谷村新司（3・8）が結成していたロック・キャンディーズも参加していた。ちなみに、加藤和彦・北山修名義で一九七一年四月五日にリリースされたシングル「あの素晴しい愛をもう一度」は、このツアー中の七月三〇日に、加藤和彦とミカの結婚祝いとしてきたやまおさむが贈った詞に加藤が曲をつけたものだったという。

このツアーは、後の人気グループ、アリス結成のきっかけにもなったとされるが、ツアー自体は多くのトラブルに見舞われ、参加者はずいぶん苦労したようだ。

——一九七〇年に、アメリカ・ツアーに参加されてますね。

細川がやった。アメリカへ一緒に、アメリカ交歓ツアーみたいな。ミュージシャンとツアーに行く人を集めて、いわゆるツアー企画。僕とか杉田二郎とか、きたやまも行ったし、ロック・キャンディーズとか、西岡（たかし）とか、関西近郊のお友達関係だね、どっちかっていうと。それで約一カ月くらいアメリカを回りましょうって細川が企画した。ミュージシャンはそれだけど、行った連中が京都の友達だから、フォークのソサエティーみたいな。貧乏旅行だから、ホテルなんかに泊まれるの

は稀で、学校の寮とか、その代わりアメリカ全部回って。
それが、途中で金を持って逃げちゃったヤツがいて、僕らはアメリカから出られない。出られないし、ビザも切れている。そういうのがあった。

——どうしてこのツアーに参加したんでしょうか?

単にタダでアメリカに行けるからっていう不純な動機ですよ。ちょうど結婚することになったから、ついでに。細川にしてみれば、僕らがいればほかの人も集めやすいというね。年中、軽く乗るタイプだから。
バンクーバーかなんかで結婚したんだよね。本当はもう結婚してるけれども、一応、全部が新婚旅行の道連れみたいなわけのわからない。

——非常に悲惨な旅だったという話もありますが。

捉え方によっては悲惨かもしれないけど、僕、オプティミスティックだから、悲劇と捉えない。

みんな同じ情況だから。ハワイで足止めくったとか、なんか、悲惨とは思わなかったけどね。いまだにそうだけど、旅なんてそんなもんだろうと。

――たまたまアリスの本を見ていたら、今日、食べるものが無かったというくらいの勢いでしたから。

みんな脚色して勝手な解釈をしてるから。食べるものも無かったっていうのも、業界用語で言えば、全部アゴアシ（3・9）持ってもらおうと思うと食べるものも無かったって状態になるけれども、僕なんか勝手に自分の金で食べているから。僕がいちばん金持ちだったかもしれないけど、勝手に自分で食べに行っちゃうから。みんなはアゴアシ全部と思っちゃってるから、「今日はご飯をどこで食べるんですか？」、そう思うと悲惨でしょ。こっちは別に元から自分で好きな所に食べに行っちゃったりとか、うろうろしてるから、全然悲惨でもないわけですよね。

全体の情況はそういうものだけど、ニューヨークでロック・フェスティバルみたいなのがあって、「僕は行く」って、僕が見つけてきて、みんなも行くって言って、ジミ・ヘン（ヘンドリックス）（3・10）とかジャニス・ジョプリン（3・11）とかＣＣＲ（3・12）とか、今思えばすごい人がズラズラって出ていたの。誰も知らなかった。僕しか知らなくて、そんなことは触れてなかった。みんな観てるはずなのよ。

だから考え方も違うし、あの旅行は、僕にとっては、すごい面白かったけどね。メキシコまで行って、行く先々でステージもやってた。海外公演一回目だよ。

その当時は意外と平気というかあがらない。淡々と、その頃から英語で説明してたな。思えば。歌は日本語でしょ、だから。

――英語は特別に習っていますか？

その時はもうほとんど、それまでの日本で習った英語だけど、そのあとロンドン行ってから学校に通ったけど。好きだってことは確かで、学校で英語だけは成績良かった。あとの課目はダメだった。ダメだったというか興味が無かった、でも、英語だけいつも良かったね。

――加藤さんはイギリス英語ですよね。

もとはギンギンのイギリスアクセントだったんだけど、あんまり行かないから消えた。アメリカ

行ったら通じないんだもん。変な感じで。行くのはアメリカのほうが多いから、だんだん消えてきちゃった。イギリス人と話すと戻ってくるけど。発音もあるけど、言い方、だんだんイージーになっちゃう。アメリカ英語ってイージーでしょ。否定型とか、間接話法とか、そんなの山ほど入ってくるじゃない、イギリス人は。「これを好きじゃないわけじゃないだろうね」みたいな言い方。アメリカだったら「嫌い？」って言うだけだけど。それは嫌いだったから。

よく最初は、いまだにそうだけど、香港系中国人に間違われるっていう。だいたい香港の三世くらいに思われる。中国人に喋られたことが山ほどある（笑）。日本人にはあんまり見られない。

『ぼくのそばにおいでよ』

この二回のアメリカ旅行の間に、加藤和彦はソロ活動をスタートさせている。一九六九年四月一〇日、最初のソロ・シングル「僕のおもちゃ箱」を発表。さらに「ネズミ・チュウ・チュウ、ネコ・ニャン・ニャン」「ぼくのそばにおいでよ」の二枚のシングルを発表した後、一二月一日にソロ・アルバム『ぼくのそばにおいでよ』をリリースした。タイトル曲「ぼくのそばにおいでよ」は、アメリカのシンガー・ソングライター、エリック・アンダーソン（3・13）の代表曲のひとつで、これまでに中川五郎、岡林信康らによってカヴァーされ、日本でも親しまれている曲だった。

しかし、この曲がアルバムタイトルになることは、加藤和彦にとって本意ではなかったことは、ご存じの方が多いだろう。加藤和彦は、この作品を『児雷也』というタイトルの二枚組アルバムとしてリリースするつもりだった。しかし、その計画は挫折してしまう。

――『ぼくのそばにおいでよ』があああいう形になったいきさつは、どういうことでしたか？

ソロになって一枚目のレコードだったけど、結構、曲をいっぱいつくっちゃったの。で、二枚組にしたい。今聴くとくだらない曲も入ってるんだけど、なにせ、二枚組にしたかったの。くだらない理由だけど。

あの頃かっこよくなかった？　二枚組って、一枚組よりも価値があるような気がして、二枚組にしたい。そしたら高嶋さんが、「加藤君、二枚組はね、だめだ。僕にもどうにもできない」「じゃ、二枚組を出せないっていう理由、こちらの言い分を書くからレコードジャケットに載せていいか」「ああ、なんでも書きなさい」。それで、「東芝は、こういう理由で、僕がつくったにもかかわらず二枚組にしなかった」っていう文章「児雷也顛末記」（3・14）がそれには載っている。いいって言う方も言う方だよね。

会社も変わってるよね、それをそのまま載せると言う。「東芝、馬鹿ヤロー、このヤロー」って書いたのが。それがまず第一回かな、抵抗の歴史の。笑っちゃうけどね。でも、載せさせたっていうのは頭いいよね。結構受けたの、それが。そういう反体制の時代だから、オフィシャルなレコードにそんなことが載ってるっていうのが。それが最初かな、採めたのは。

ビートルズの『マジカル・ミステリー・ツアー』だってEPの二枚組だったでしょ。でも、アメリカ盤はLPだったもんね。あれだって揉めたんでしょ。日本ではEPの二枚組で出てるんだよね。やっぱりあれ、なんか雰囲気あるよね。

そういう意味じゃ、東芝であろうと、それと同じことをビートルズも向こうのEMIとやってたんだろうね、どっちも同じだから。ぶちぶち文句を言うのは。

――さすがに、いま出ているCDには抗議文は載ってないですね。

載ってない。裁判の冒頭陳述みたいな感じで書いた覚えがある。「本レコードに対する何とかがアレに反している」とか、冒頭陳述みたいなの。でも、裏ジャケットもすごいね。怖いよ。裸になれば良いってもんじゃない。若い。いまだにこのギターだけは持ってるの。センターの写真は異様に足短いね、これ。足のところが影になってる。

――このアルバムを最近聴き直すと、自分がその年代だった頃を思い出します。

あれはちょうど、例のヒッピーの世界から帰ってきた後だから、カルチャー・ショックと、日本の自分がいままでやってる音楽と、カオス状態の時にできたやつだから、なんか不可解なもんですよ。あのアルバム。

――今聴いても、飽きないです。面白い。

僕なんか聴くと、いろいろ思い出したりもするけど、大昔のものだから完成しているとは思わないから、恥ずかしくなっちゃう部分があるけども、なんか知らないエネルギーがあるような気がするよね、完全な六〇年代の。

――エネルギーとか、気持ちを感じさせる。気持ちが若いし、乱暴でもある。でも、今の若いミュージシャンたちの音楽に、そういう大胆さを感じることはそれほど多くないんです。

言葉としてのロックはあるけど、ロックも死語に近いけれども、ロックではないよね。ラジカルだからロックということじゃなくて、もはや、いちばん最初から完全にコマーシャライズされてるもんね、**自動的に**。怖いね、動機が純粋じゃないというか、純粋だから良いとは言いかねるけれども、少なくともね、やっぱり。

――個人的には、佐藤信（3・15）さんが作詞した「日本の幸福」が妙に残るんです。

テレビドラマのやつね、この間、佐藤信さんに違うところで会って、おじさん越えておじいさんに近くなってたけど、あの頃ってなんだろうな。僕にとって非常にわからない時期。自動筆記に近い曲なんだけど、僕でもわかんない、どこから出てるのか。僕の曲じゃないんだよね、なんか知らない、自分で言うのも変だけど、あの時期。

――レコーディング・メンバーは記憶ありますか？『ぼくのそばにおいでよ』はクレジットがありません。

柳田　ヒロ（3・16）とか、木田高介でしょ。太鼓はつの（つのだ）ひろ（3・17）だよね、きっと。それからギターが神谷（重徳）（3・18）、キーボードで深町純（3・19）も入ってたかもしれない。たぶん、そこらへんの面子だよ。チト（河内）、クニ（河内）（3・20）も両方入ってる。それくらいじゃないかな、覚えてる限りでは。

純粋スタジオの人っていないんだよ。変な人ばっかり。奇人変人クラブだよね。

――この当時の名手と言われる人たちですね。神谷さんも参加していたんですね。

神谷のお父さんは彫刻家かなんかで、莫大な遺産があって、目黒に住んでた。コンピュータ・フリークで、機械好きなんだよ。家に行ったら、ハーレー買ったって見せてくれた。で、次行ったら、お父さんの大きいアトリエに歯車一個まで全部ばらしてきれいに並べてある。「ねえ、きれいだと思わない」。で、また組み立てるの。ちょっと変わってるよね。

見た感じは、真面目で、変な感じはひとつもない。普通のおじさん。でも、見た目と違って、デカダンなんだよね。死んでもいいや、みたいな感じあったもんね。怖いんだよね。だけどギターはすごくかっこいい。天才的ですごいもんがあったよね。

――最初のシングル曲の「僕のおもちゃ箱」も良いですね。

ジム・ウェッブ(3・21)的世界。逆に言うと、いちばんナウい。今の曲じゃないですか、ジム・ウェッブだったら。あの頃誰もジム・ウェッブなんて言ってないよね。

『スーパー・ガス』

本人にとって不本意な形であったにしても、『ぼくのそばにおいでよ』は、シンガー・ソングライターとしての加藤和彦のセンス、そしてクオリティをアピールするには十分な作品だった。いわゆるカレッジ・フォークとも、日本のアンダーグラウンド・フォークの流れとも一線を画した、アメリカン・フォーク・ソングやロックのテイストと日本的抒情が自然に融合した新鮮なコンテンポラリー・ミュージックだった。

このアルバムを聴いて、僕はザ・フォーク・クルセダーズの音楽がもう少しわかったような気がした。そして同時に、加藤和彦がこれからどんな音楽をつくっていくのだろうかと期待感を広げていった。

一九七一年一〇月五日、加藤和彦のセカンド・ソロ・アルバム『スーパー・ガス』がリリースされた。おそらく『児雷也』に収録されるはずだったと思われる「児雷也冒険譚」をはじめ、『ぼくのそばにおいでよ』でアトランダムに示した様々な音楽性を駆使して、よりエモーショナルでオリジナリティあふれる世界を構築していく。そんなニュアンスのアルバムだった。そして、『ぼくのそばにおいでよ』よりも洗練されたロック感覚が、アルバム全体から伝わってくるような気がした。

同じ時代性を持ちながらも、よりトータリティのあるコンテンポラリーな作品へとニュアンスが変わっていく。まさにそれは、リアルなアメリカ体験、そしてその後のイギリス体験を受け止めた加藤和彦からの素直な発信だったのだと思う。

――『スーパー・ガス』というタイトルはユニークですね。

ガスは何かというと、フロン・ガスなんだ。スーパー強力な音になるっていう。そういえば、自動車の冷却用のフロン・ガスを吸っちゃうってのが流行ったよね。あれでダメになっちゃった奴がいた。大脳皮質にくるのね。

――『スーパー・ガス』は、一応クレジットが載ってます。

クレジットなんか入れる時代じゃないもんね。プロデュース・クレジットも入れたんだ。プロデュースド・バイ・K・KATO&Mr・MORNING。ミスター・モーニングっていうのは朝妻一郎さん（3・22）だよ。レコーディッド・アット・M・I・K・A・SOUND・COTTAGEって書いてある。どこだろ、これ。勝手につくってる、スタジオの名前を。家で録ってるものもあったからね、だいぶ。西岡（たかし）も入ってるんだ。つのひろ、四方（義朗）（3・23）まで入ってる。

これ、たぶん日本でプロデュース・クレジット入れた最初だと思うよ。

レコーディングで、日本で最初にシンセサイザー使ったのもたぶん僕だよ。これでミニムーグとアープ2600使ってんだよね。いちばん最初に日本に入ったのを使ってる。ただ使い方もわからないから、一本指奏法みたいな。そんなにあまりフィーチャーされてないけれども。ていうか、使い方がわからないからあまり使ってなかったっていうだけだけど。いわゆる日本お初シンセサイザーのレコードなんだよね。

──『ぼくのそばにおいでよ』の時はレコーダーは何チャンネルだったんですか？

四チャンじゃないかな。

──『スーパー・ガス』もですか？

八チャンだったかもしれない。でも、この時期八チャンからすぐ一六チャンになっちゃったからね。レコーディング的実験なんて山ほどやってるけど、テクニカル的なことになっちゃうからね。でもみんな同じようなことやってたんじゃないかな。

──「家をつくるなら」はCMの曲がちゃんとした楽曲になったという意味で、初めてですよね。

でもこれ、CMソングじゃなく本当につくった曲なのよ。この曲は元からあったわけ。小市民ソングとして、松山とつくった。「おう、小市民ソングつくろう」って。これは松山が大きいなあ。詞の世界が。

――「せっかちと――」で音を消してありますよね。その後の言葉がダメだったんですか？

わかんない。だから最初つくって、そしたらダメだって言われたから、「そこだけ音消していいですか？」って、無神経にわざと消したの。僕のせいじゃないってことを主張するのが好きだったから。

――「不思議な日」もすごく好きな曲でした。

ドノヴァン（3・24）の感じ。不思議な曲だよね。僕もどうやってつくったか、覚えてない。これを頼りに何回コンサートをしたことやら。これをやると受けるっていう。だから、これやって帰っちゃう。これが出たら帰るなと。その頃、重実（博）（3・25）がマネージャーというかギター持ち。鞄持ちならぬギター持ちで、ミカ・バンドの前、一人の頃、いろいろ見てて、僕が「不思議な日」を歌い始めると、タクシーの手配をしてた（笑）。どこで歌うかわからない、一人だから勝手に決められるじゃない、順番。この歌で終わるな、今日早いな、まだ七曲目でもう終わっちゃう、みたいな。

『スーパー・ガス』の頃、ずっとコンサートをスーパーマンの衣装でやってたって知ってる？　『平凡パンチ』(3・26)かなんかで、スーパーマンの特集するんで一式つくったんだよね。僕、その恰好で、ずっとコンサート、二〇〜三〇本やってた。いきなりそれを着て出ていくじゃない、ギター持って。五分くらい笑いが止まらないっていう。いきなりコンサートでスーパーマン。

コンサートといえば、この頃、(吉田)拓郎(3・27)とよく一緒にやったよ。だいたい僕がメインだから、拓郎ともう一人くらい出てて三人くらいで。僕は絶対に東京に帰りたいの。泊まるのはやだって。よく「拓郎替われ」って言って、トリなんだけど、今の拓郎から想像つかないけど、完全僕のお客さんなんだよね。でも、僕がいちばん最初にやっちゃうわけ。だいぶやったよ、それ。「この後、拓郎君出ますから、帰っちゃだめよ」とか言いながら先に帰っちゃう。とんでもない奴。

——電車があるうちに？

曲数なんて、遠くへ行くほど短いんだもん。電車間に合わないから。新幹線ないじゃない。すごい遠いところへ行くと、六時五〇分みたいなのが最後で、もう八曲くらいで終わっちゃうの。このいい加減な。

――逆のケースはなかったんですか。終わらないという。

絶対に無い。伝統、いまだに、短くなりこそすれ、長くは絶対ならない。そんなに歌ってどうするの。全然違うけど、イギリスって短いんだよね。みんなワン・アワー・ショーで、ぴったり一時間やって、アンコールちょこってやったら、だいたい一時間二〇分くらいなのかな。もたないから、開演時間が二〇分から三〇分遅れるっていうのが、その頃の英国パターン。

なんか知らないけどワン・アワー・ショーみたいね、みんな。ぱっぱっと。どういうわけか、延々とやるのはアメリカの悪癖じゃない。長けりゃえらい。帰りたいじゃない、観てる方だって。いいとこだけ観て、早く帰ってごはん食べたいと思ってると思わない？

――客の方は贅沢ですから、長く観ていたいというのもありますし。ものによっては一時間でいいなというのもありますね。

そうでしょ、だからいいのよ、一時間で。その代わり、いい加減で一時間はダメだよ。アメリカのっていい加減で一時間もあるじゃない。いわゆる、ちんたらの間が入って。（ブルース・）スプリングスティーン（3・28）なんかは尊敬しちゃうけど。普通だったらバンドに演奏させて自分が休んでるのに。スプリングスティーンは、バンド休んでるのに五〇分くらい自分がやってるとか。僕はえらいと思う。

――加藤さんは、ああいうステージは考えられないですか？

ステージなんかでも、昔からお客さんとのコミュニケーションとか云々とか、だんだん盛り上げていこうとか、そういうの一切考えたことないもんね。いつも一方的に与えるだけっていう大学授業型。今日はここまで。パーッとやって、よく言えば「媚びない」、悪く言えば「勝手」。

――今はステージをやる気はありませんか？

無い。無いっていうか、歌う動機がね。普通のコンサートっていうのは好きは好きだよ。こないだのミカ・バンド（再結成）の時は、勝手にこっちが楽しんでるだけでしょ。あんなもんはいいけどね。

――ご自分のだと、内輪で楽しんでるのを窓の外からのぞかせていただく、みたいなものでもいいのではないですか。

でも、キース(・リチャーズ)(3・29)なんか、そんなノリだろうな。あれ、自分のつくってる曲がそういうふうだったら、もう、ああいう形をとってると思うんだよね、絶対。でも、まあ、出来るか。

――出来ると思います。それはそれで。大がかりになっちゃうかもしれないですけど。

大がかりなのは、やっぱりご迷惑をおかけする人が多いからね。小がかりに。ギター一本、年間二〇〇本で、死ぬだろうな。

ギンガム

加藤和彦の話を聞いていると、実はこれも日本で初めてやったのは彼だったのかと驚くようなエピソードが次々と出てくる。

日本で初めてのPA会社ギンガムをつくったのも加藤和彦だった。それまで、コンサート用の音響機器が全く無いわけではなかった。しかし、それは小型のスピーカーシステムで、本格的PAと呼べるものは、ギンガムのシステムが初めてだった。

——ギンガムの設立について教えてください。

はっぴいえんどとのPA事件というのがあった。これ最高なんだ。その頃フォーク・フェスティバルとロックと一緒にしたのがあって、どっちかというとフォーク・フェスティバルの方が人が集まるから。で、静岡かどっかのフォーク・フェスティバルではっぴいえんども出て、一応トリが僕だったの。

その頃、僕はWEMっていうピンク・フロイド(3・30)なんかが使ってた何千万円するPA機材を、「ヨッパライ」の印税を全部はたいて買ってしまって。いま思うと馬鹿なんだけど、ギンガムっていうPAの会社をつくって、初めて使う時がそれだったわけ。

その頃、日本にはPAなんてないから、トラックで持って行って。すごい大きな音が出るんだよね。

その時は他の出演者に貸してたわけじゃなくて、僕のソロだけ使ったの。その前にはっぴいえんどが演奏して、いわゆるロックだからガーンとやってるわけよね。彼らが終わって、僕がひとりで出てきてギター一本で歌ったほうが、一〇倍くらいうるさかった(笑)。

大滝君に会うと、いまだに言うよ、「おまえ、ケチだな」って。貸してくれとも言われた覚えないのに。向こうは唖然としてた。別に悪気でやったわけじゃないんだけどさ、初お目見えだったたから。

本当に全部使っちゃったから、金なんて一円も無くなっちゃったもん。気にしてなかったもんね。なんで食べられたのかもわかんないんだけど。

今だったら出来ないけど、その頃は心配してない。三〇〇〇万円くらい買っちゃったの。その頃WEMっていうのがいちばん良いPAだったから。当時、フライド・エッグっていうバンドをやっていたギタリストの成毛滋(3・31)と二人で買いくらべをしたんだよね。

成毛茂は財閥の御曹司だけど、さすがに親もお金を出してくれない。でも、自分は生まれた時から株をすごく持っているわけ。だから資産すごいんですよ。じゃ株売るぞって親を脅かす。そうして買うわけ。負けてたまるかって、僕も。あいつが買ったのが二〇〇〇万円分くらいかな、成毛のも全部買い取っちゃったの、僕が。

それが事の始まりなんだけど。でもギンガムは全然儲かった会社でもないし、サービス業みたいな感じだけど。

――ギンガムはいつまでありましたか？

もう一〇年くらい前に僕はやめちゃった。僕らはＰＡで商売をしてるってつもりはなかったから。ロック・コンサートで良い音を使えない人が多いわけじゃない。僕はチャリティー精神はないけど、やってる人にはやってあげたいっていう。ところが、ほかのＰＡ会社で儲かるのがいっぱい出てきて、コンサートの営業っぽいことになってきた時に、もうやめたっていうか。僕のパートナーだったのが、歌謡ショーというか歌謡っぽいのやらないと会社が持たないっていうから、おまえに任せるからって僕は手を引いちゃった。

――でも、どうしてＰＡを買おうと思い立ったんでしょう？

イギリスとか全部見て、日本で見るとＰＡもないし、外国のグループ来ると良い音してるし、まず演奏自体も違うけど、なんで環境がそんなに違うのって。ヒビノ音響っていうＰＡ会社はあった

んだけど、頼むとすごい高いわけよね。だったら買えばいいじゃない。

——加藤さんの初めて尽くしってすごいですね。違和感なく受け入れてるけれど、あとで考えると「あ、初めてだった」ということが多いんです。加藤さんは、「これ初めてやる」とは言わないですよね。

言わないっていうか、人のためにやってないから。考えると恥ずかしいことも多いから、それは。

当時、加藤和彦はロック、フォークなど、さまざまな日本の音楽シーンの交差点にいたという印象があった。これまでの加藤和彦の話にもあったように、彼はフォーク・ソングに軸足を置きながらも、アメリカやイギリスのプログレッシブなロック・ムーヴメントにも大きな影響を受けていった。その結果、加藤和彦のつくりだす音楽は、簡単にはどのジャンルとは分類しにくいものになっていった。

しかし、直接アメリカやイギリスの音楽シーンを体感してきた加藤和彦は、フォークであるかロックであるかが本質的な問題ではないことがわかっていた。彼にとって、大切なのは伝統を継承したうえでのコンテンポラリーな音楽であること、自分ならではのオリジナリティある表現であること、そしてイマジネイティブであることだったのだと、この時期のソロ・アルバムを聴いて思う。だから、彼は一見異質に見えるさまざまな音楽に興味を示し、自分のスタイルのなかに消化していった。

そして、そんな彼の音楽に対する姿勢を理解したジャンルを超えたミュージシャンたちが、彼の周囲に集まっていった。

――トノバン（音楽業界での加藤和彦の愛称）とは、いつ頃から言われていましたか？

四方（義朗）が言い出したんだよね。その前は殿様の殿って、殿、殿って話だったわけ。ドノヴァン好きだったから、それは確か四方が言い出した。

――当時、加藤さんのところには、ずいぶん居候していた人がいたそうですね。

だって、友達の友達みたいなの居るから全然知らないんだ。主、留守。コンサートに行って、一〇時とか一一時頃、家に帰ってくると盛り上がってるんだよね。僕はご飯つくったりなんかして。カレーなんかつくったりしたな。わけのわからない状態。

4　サディスティック・ミカ・バンド

ミカ・バンド結成

一九七二年六月二日、加藤和彦とサディスティック・ミカ・バンドの「サイクリング・ブギ」がリリースされた。二枚のソロ・アルバムを経て、新たな加藤和彦のステップが、ロック・バンドという形でスタートした。

自分の記憶を振り返れば、ザ・フォーク・クルセダーズからサディスティック・ミカ・バンドへという加藤和彦の動きは、けっして意外ではなかった。すでに、「モーレツからビューティフルへ」で彼がヒッピー・カルチャーの強い影響を受けていたのは知っていたし、なにより僕が加藤和彦に期待していたのは、次にどんなことをやるかわからない、という発想の大胆さと実行力だった。なんと言っても、ザ・フォーク・クルセダーズのファースト・インパクトが、今まで聴いたことのない音楽だったのだから、その後の加藤和彦に期待していたのも常に、今までの概念を打ち壊してくれるインパクトだった。しかも、ザ・フォーク・クルセダーズの三人のなかでは、彼がもっともその期待に応えてくれそうだった。少なくとも、加藤和彦がフォークの枠内に収まる人だと考えたこともなかった。

それにしても、彼は僕の予想以上に大胆だった。

――どうしてミカ・バンドをつくろうとしたんでしょうか？

直接のきっかけは、ソロになってロンドンで遊んでいる時に、T・REX（4・1）とか（デヴィッド・）ボウイ（4・2）とかを観たの。ボウイも『ジギー・スターダスト』の前、まだ『ハンキー・ドリー』だっけ、あれを出した頃で、ほとんどあまり知られてない。T・REXのほうが人気があったのかな。ボウイはまだハマースミス・オデオン（4・3）とか出られなかったから、全然知らないところで観てる。僕は、ロキシー・ミュージック（4・4）の最初の公演も観てるんだ。

それでぶっ飛んで。いきなりグラム・ロック（4・5）観てるわけだから、やっぱりかっこいいじゃ

ない。アメリカン・ロックは知っていたけど、ああいう形態のものはなかったから、全然違うものを観てしまったっていう感じ。それを観ているときに、こういうの日本でもやりたいと。それと、日本との音楽のギャップが激しいっていうのはもちろん観ていたんだけど、それが結びついて「やりたい」と。

メンバー

ロンドンで台頭しつつあったグラム・ロックを体感して、自分もその感覚に通じる音楽を表現したいという加藤和彦の想いは、考えてみればザ・フォーク・クルセダーズの時代にザ・ビートルズの『リボルバー』に通じる音楽を表現したいと、アルバム『ハレンチ』を自主製作した想いと、その本質においては変わることはないのだと思う。

ただ、その環境がアマチュアからプロ、それも日本の新しい音楽の可能性を切り開こうとするアーティストとしてのポジション、最初から一定のファンの注目を浴び、ビジネスとしての成功も期待される立場に置かれた加藤和彦が、守りではなく攻めの姿勢を貫いたということは、その結果としてのサディスティック・ミカ・バンドの軌跡とともに評価されるべきことだと思う。

――バンドをつくるためにどういうアプローチをしましたか？

人材集め。とりあえず人材がいなかったから、知ってるつのひろと、高中（正義）（4・6）。なんで高中を知ってたんだろう。あ、高中は成毛だ。

――フライドエッグですか？

フライドエッグの前（ストロベリー・パス）。有楽町のビデオホールで、名前は忘れちゃったけど、LF主催のロック・コンテストがあったの。夜の一〇時くらいからやってた、ほとんどマイナーなコンテスト。成毛と一緒に行ったら、学生服着た高中が、アルヴィン・リー（4・7）の完全コピーをやったのね。やたら早いフレーズも全部できて。あいつ何だっていうんで、成毛は自分のバンドに取っちゃったの。自分はギターを弾くから、ベースをやらせて。ドラムはつのだひろでやってた。それは知ってたから、「高中もギタリストだからつまんないでしょ、やらない？」って引っこ抜いたというか、掛け持ち状態で、つのだひろと三人でつくって、ミカを入れて四人。それが最初のミカ・バンド。それはまだ「サイクリング・ブギ」一枚だから。ロキシー・ミュージックとかの感化を受けてない。それをつくった後で、またロンドンに行って、こんなもんじゃだめだ。もっとちゃんとやらなきゃいけないっていうんで、小原（礼）（4・8）とか、（高橋）幸宏（4・9）に声をかけたの。

――小原さんは幸宏さんとの関係ですか？

小原は林（立夫）（4・10）が連れてきたの。そもそもが、拓郎の『人間なんて』というアルバムのプロデュースを頼まれて「ミッチ（林立夫）、誰か居ない？」って言ったら、「居るよ、いいベースとアコーディオン弾けるのが居るよ」って。それが、ベースが小原で、アコーディオンがマンタ（松任谷正隆）（4・11）。全員の初仕事がそれだった。それをつくって、ミカ・バンドをつくる時に、小原はミッチを誘えばいいのに幸宏を誘ったっていうのが、運命の分かれ道。

――どうして幸宏さんだったんですか。

ミッチも好きだけど、なんか違うんだ。イギリスの感じじゃないんだよね。ミッチにも独特の美学があるけども、どこか違うっていうのがね、言葉じゃなくてわかった。幸宏とは共有できるし、小原もそうだし、高中は全然違うんだけども、あの変なところが合ったたっていうかな。ミッチも好きだけども、このバンドはミッチじゃないなと思った時に、ちょうど幸宏が出てきたの。当時は、ミッチのほうが音楽的ではあったんだけどね。今は全然違うけど。

幸宏とは、ロンドンで偶然会ったんだ。何年か覚えてないんだよな、ミカ・バンドをつくろうと思ってた頃だから、『スーパー・ガス』を出したくらいかな。

――一九七一年頃でしょうかね。

小原が、すごくいいドラマーがいるから紹介するって言ってた。それとは何の関係もなくロンドンで僕が歩いてたら幸宏とすれ違って「加藤さんですか？　僕、幸宏です」「小原が言ってた？」。それ以来、仲良くなっちゃって。

――幸宏さんはどうしてロンドンに居たのでしょうね。

幸宏は単に遊び。ロンドン・ブーツ履いてた。もうそこでいきなり「バンドやらない？」。

――幸宏さんには、精神的に落ち込んでいる時に、加藤さんに声をかけてもらって助かったと、前に伺ったことがあります。

幸宏とは年中一緒に遊んでたというか。これはプライベートなことだけども、ロールスロイスを買った時も、「別荘に行こう、ロールスで」。なんであの時ミカ居なかったんだろう。あっ、あれは勝手にまた一人でロンドンに行って遊んでたんだけど。ほとんどわけのわからない夫婦でね。勝手にあれはあっちでなんかやってるっていう、ちょうど居なかったのかな。それで軽井沢に、ひと夏、ロールスを乗り付けて。あの混雑のなかをロールスをオープンにして、嫌なやつらっていう感じの、わけのわからないことをやってたの。

その時に、幸宏のお母さんの容態が悪くなって、電車より早かったから、ロールス二〇〇キロぐらいで飛ばして直行して、僕は免許は持ってなかったんだけど、病院の受付で「こんなとこ、停めちゃだめ」って守衛さんが言うから、「幸宏、とりあえず行け！」って言って僕はずっと守衛と喧嘩してて、「人のお母さんが亡くなろうとしてる時になんてこと言うんだ」ってわいわいわめいて。そんなご縁もあって、腐れ縁というやつですね。

――今井裕（4・12）さんはどういういきさつで？

今井とは本当はすごく古いんだ。細川がやったアメリカツアーの時にロック・キャンディーズでベースを弾いてたんですよ。そこで今井を知ってて。本当はピアノ科を出てるから弾けるんですよね。だから今井もつのひろのスペースバンドに引っ張られた。そんなので、本当は今井が欲しかったんだけど、スペースバンドをやってたんで。でもそのうちに引き抜いちゃったっていうか。

――つのだひろさんは？

「サイクリング・ブギ」だけ。カップリング・シングルだけしか入ってない。正式メンバーでもない。

――「サイクリング・ブギ」は加藤和彦とサディスティック・ミカ・バンドというクレジットになってますね。

ロックンロールバンドやりますって言っても、東芝がオーソライズしてくれないから。じゃあ「加藤和彦」とつけてくださいっていうわけ。だからあの頃は「加藤和彦とサディスティック・ミカ・バンド」ってクレジットついてるでしょ。アルバムはついてないはずだけど。シングルはついてたかな。「サイクリング・ブギ」は。加藤和彦と、なんてついたら嫌だから外せって言ったんだけど、東芝はオーソライズしてくれないわけよ。だからあの一枚だけで、LPからは違う。それで、ファーストアルバムにわざわざシングルで「サイクリング・ブギ」を別につけたんだけど、そういう理由。

それから例のツアーになるの。東芝の「ラブ・ジェネレーション」。それも加藤和彦とサディスティック・ミカ・バンドって名前をつけられた。フォークルのファンに向かって、いわゆる敵対状態になったのは、あの時ですよ、めげずにやってた。

――ちなみにサディスティック・ミカ・バンドという名前は？

あれはプラスティック・オノ・バンド（4・13）でしょう、どう考えても。公言してはばからない。オノさんですよ、オノさんバンド。

――プラスティック・オノ・バンドを持ってこようというのはどうして？

そういう夫婦バンドって無いじゃない。

――当時はまだマッカートニー夫婦のウィングス（4・14）は無かったですね。

無かった。バンドのなかでできちゃったみたいなのはあるかもしれないけど、夫婦バンドっていうのはないでしょ。そういう意味からも、わざとそこらへんが、まあわたしの計算高さじゃないけども、僕は前面に出ないっていう。いきなりそっちにしちゃうっていう。

――「サディスティック」というのは当時あまり使わない言葉でしたよね。

ごろ合わせ。でも、プラスティック・オノ・バンドのほうを知らなくて、ミカ・バンドの名前を知ってる人の方が増えてしまった。

――別にプラスティック・オノ・バンドを目指したわけではないですよね。

全然目指してない。ただ、コンセプトをちょっとお借りしただけで。どこまでプラスティック・オノ・バンドなんだろうね。よくわかんないよね。たぶん最初は一発きりのジョンの発想だよね。やろうよみたいなことで、あちらもその日暮らしの思いつきでしょ。こちらもその日暮らしの思いつきだから(笑)。

グラム・ロック

「ラブ・ジェネレーション」は、東芝EMIが一九七三年五月一日の東京・日本武道館を皮切りに全国一二カ所で行ったプロモーションコンサート・ツアー。サディスティック・ミカ・バンドの他、トワ・エ・モワ、チューリップ、赤い鳥、オフコース、りりィ、杉田二郎、シュリークス、イースト、高石友也などが参加した。

バンド名に「加藤和彦と」とつけるかどうかというエピソードからは、あくまでコンテンポラリーな音楽シーンを切り開いていこうとする加藤和彦の姿勢と、そんなクリエイティブな姿勢は受け入れつつも、加藤和彦の知名度を最大限に利用したいレコード会社との思惑のズレがうかがえる。

いや、レコード会社とのズレというよりも、それは日本の音楽シーンの意識と加藤和彦の意識とのズレと言ったほうが良いかもしれない。サディスティック・ミカ・バンドという遊び心を感じさせるバンド名自体が、当時のロック・バンドのネーミングとしては非常にユニークだった。そして、一見パロディーかとも思える奔放なその音楽も、ともすれば当時の日本のリスナーがイメージするロックの範疇からは逸脱していった。

彼らは果たして真面目に音楽をやろうとしているのか、ふざけているのか。そんな疑問を抱くリスナーも少なくなかったと思う。しかし、その演奏のクオリティの高さからしても、彼らが冗談半分で音楽をやっているのではないことは明白だった。サディスティック・ミカ・バンドが当時の日本のロック・シーンにもたらした違和感、落ち着きの悪さは、彼らが、いわゆる漫然としたロック・イメージ、いかにもロックらしい形を踏襲するのではなく、そこに新たなイマジネーション、クリエイティブなロックの可能性を見出そうとする、その意味ではプログレッシブなロックのスピリットを追求していた結果なのだと思う。

――ロンドンのグラム・ロックに触れて、どこが良かったのかを、もう少し教えてください。

つまり、ミュージシャンが音楽を真面目にやってるってのが普通の姿だよね。別にグラム・ロックが真面目にやってないとは言わないけども、グラム・ロックって、ファッションとかそういうことも音楽の一部であるということが、強烈に出てるわけでしょ。特にロキシー・ミュージックなんてもう、その頃はかっこいいっていうんでわかんなかったけど、よく見るとひどい演奏なんだよね。当然のごとく、みんな素人だから、今で言うヘタウマバンドみたいなの。ただ、ビジュアルとかそういうのは発達しているし、僕は元から音楽は音だけのものじゃないと思ってたから、そこらへんが大きい理由かな。そういえばかっこいいけれども、音楽とファッションが結びついていたのがグラム・ロックでしょ。今だったらミュージシャンがかっこいい恰好してなんてのは、当たり前だけど。

ロールスロイス

その演奏だけでなく、演奏するスタイル、さらにはそのライフスタイルまでをトータライズしたロック表現。それはポップアート、パフォーマンスアートの概念を音楽表現と融合させたトータルな表現の試みでもあった。そうした土壌のない日本においてはとくに、それは奇態な振る舞いとも映った。しかし、加藤和彦はそんなリスナーの反応をも知りつつ、ばかばかしくさえ見えるパフォーマンスをあえて行っていった。

そのシンボルのひとつといえるのが、ロールスロイス事件だろう。少し前の高橋幸宏とのエピソードでも触れられていたが、加藤和彦は日本で初めてロールスロイスを個人輸入している。このロールスロイス購入のいきさつについては、当事者の一人である景山民夫(4・15)もエッセイ集『世間はスラップスティック』のなかで書いている。

――サディスティック・ミカ・バンドというと、やっぱりロールスロイスというイメージがあります。僕も日比谷野音の楽屋口で見かけたことがあります。

ロールス買い事件。あれもグラム・ロックと同じ話なんだけど、ミュージシャンはロールス乗ってなきゃいけないっていう、ほとんどくだらない発想で買いに行った。日本で買うとすごく高いし、古いロールスロイスが欲しかったから。イギリスには、中古じゃなくてヴィンテージのロールス売ってるところがいっぱいあるわけ。

その頃は、ほとんど外貨を持ち出せないのよね。その当時で、一ポンド八〇〇円だったから、一万ポンド、八〇〇万円くらいまでで買おうと。コネを使って裏から手を伸ばして、東京銀行に送金してもらった、そういうルートだから、東京銀行に取りに来てくださいって言って、こっちはヒッピーはやめてたから髪の毛は短いけど、とんでもない恰好をしてる。支店長が出てきて、「どうもなんとか」、とても場違いな感じがして、「いつでもいたしますから」とかわけのわかんない話になって。それでやっぱりロールスロイスはひとりで買うもんじゃないなと。ちょうど悪友の（景山）民夫がロンドンに行くっていうから、一緒に行こうよって行って。あいつは自分のエッセーに拡大解釈して書いてたけども、あれは自分が言い出したことなんだ。じゃ、トノバンはご主人で、僕はショーファーとバトラー（4・16）の役。それで行きましょう。で、いちばん有名なヴィンテージ屋に行って、「おまえ、一万ポンドまでだからね」。

僕が喋るとまずいから、あいつも結構イギリス英語ができるから。「見たいとおっしゃっておられます」みたいな感じ、それに近いような英語で全部やった。今から見れば滑稽な話だけれども、向こうも一応安いものからは見せないじゃない、当然。すごくいい本当のヴィンテージのコンバーチブル（4・17）とか、一万二千ポンドとか倍くらい高いわけ。これいかがでしょう、なんてやってるわけ。首振って「高い」。民夫は「違う色はございませんでしょうか」みたいな話して。向こうもだいたい判ってる。僕らも二五歳とかそんなもんだから、向こうだって、今から思えば馬鹿にしてたと思うんだけどさ。だんだん安いほうへ行って、ちょうど一万ポンドちょっとのコンバーチブルじゃない上が開くやつがあって、色とかそんなものより、値段がばっちり合ってるから、「これだ、民夫、これ」って言って。僕も喋らないつもりでいるから、「これ非常にいいから、ちょっとうちのショーファーに乗らせてみる」って言って。

そこをオーバーにあいつが書いてるんだよ。加藤が俺を騙したって、あいつが自分のエッセーに書いてるんだよ。そしたら「これは運転がちょっと複雑ですので、あたしが運転いたしますから」ってロールス屋が言って、一週間後に乗って「じゃ、これに決めた」。「あとは銀行が来るからやってくれ」

とかなんとかキザなこと言って。支店長がやりますって言ってたから、で、帰って来ちゃって、「これ、東京にお送りすればよろしいですね」「じゃ東京に送って」みたいな感じで。そしたら本当に三カ月したら、コンテナのいちばん底に積まれて来た。

たいして送り料かからないね、八〇万円くらいだもん、でも、東京は大間違いで横浜へ送るべきだったのね。東京は課税倉庫が一日一五〇〇円くらいかかるの。横浜は一日一〇〇円くらいなの。しかも、横浜は全部屋根ついてる、東京は野ざらし。なんにも知らないから、着きましたっていうからパーっと行ったら、「なんとか証明書となんとかとなんとかは」「いや、そんなものは」。個人輸入になるから、今みたいにできない。何が要るか全部書いてもらったら、一二種類くらい要るんですよ、いろんな証明が。またコネを使って頼んで、外務省とか運輸省とか、一カ月くらいかかるわけ。

ひと月置いておくとそれだけで五〇～六〇万円かかった。ということは一日一五〇〇円じゃないや、一万五千円か。あわてて取りに行って書類全部そろえて。

そういうアホなことまでやって、そのロールスはミカ・バンドの公用車として使ってた。反感を持たれながら。野音なんかで、髪の毛長くても、みんな真面目にね、四人囃子とかやってるのにさ。僕らだけ異常に派手な格好して、「あいつらなんだ、馬鹿野郎」みたいな。

ミカ・バンドのステージ

振り返ってみれば、ともするとこの時代の若いミュージシャンたちの多くは、ストイックなロック幻想を抱いていたのだと思う。

もしかしたら、それはザ・芸能界的ビジネスに取り込まれていった一九六〇年代後期のGSシーンやカレッジ・フォークを横目で見てきた反動だったかもしれない。売れたいがためにあてがわれた既成の歌謡曲作家の楽曲を演奏し、アイドルまがいに扱われるためにメディアに出ていく。極端に言えば、魂を売って成功しようとするのか。または、あくまで自分の音楽表現を貫くのかという選択を自らに課していたようだった。

しかし、ロック・ミュージシャンが清貧に甘んじながら、自らの信じる音楽を貫くという思い込みは、日本に伝わる欧米のロック・ムーブメントの情報がきわめて偏ったものだったということにも起因していたのだと思う。ロック・ムーブメントが一方で下世話なビジネスと切り離せないことや、きわめて享楽的な一面を持っていることなどは、スター・アーティストのサクセス・ストーリーの陰に隠されてほとんど紹介されなかった。さらに、六〇年代のフォークやロックの原動力のひとつであったヒッピー・カルムーブメントも、ストイックさが過剰に強調されて伝えられていた傾向があったり、ヒッピー・カルチャーと密接なドラッグについても、日本には情報だけは伝えられたけれど、それを体感することは出来なかった。そうしたさまざまな事情から、日本ではロック・ミュージシャンを求道者的に捉える傾向が生まれたのだろう。ジョージ・ハリスンをはじめ、東洋思想の影響を受けて求道者っぽく振る舞うミュージシャンが実際に居たことも、その傾向に拍車をかけていたのかなと思う。

加藤和彦は、早くからアメリカやイギリスを訪れることで、欧米のリアルなロック・シーンを体感していた。そのために、彼はロック幻想という先入観にとらわれることなく、自分の好奇心やこだわりの視点からロック・ムーブメントを捉えていった。そして、そこから導き出された答えが、サディスティック・ミカ・バンドという形で七〇年代前半の日本のシーンを彩ることになった。ロンドンでロールスロイスを購入するという、当時、誰もが思いもしなかったことを実行してしまうある意味でのバカバカしさ。それもまた、加藤和彦の表現であり、メッセージの一部なのだ。

――当時はロックのかっこよさの基準が違うところにあったんですね。寡黙だし、長髪のはっぴいえんどなどが一方にありつつ、クリエイション（4・18）みたいな海外進出志向のバンドもあったし。

野音なんかでもずいぶん後まで、派手なのは僕らくらいしかいなかったもんね。だからそういう

ところに行くと、おまえらロックじゃないといわれる。こうもりバンドっていうか、浮いてたことは確かだよね。もちろんあの頃は、今みたいに向こうのアーテイストが来ないじゃない？　僕らはリアルタイムで向こうのことやってたから、外タレが来る前にそういうことやってるわけだから、お客さんがどうリアクションしていいかわからない。リアクションがトレーニングされてないわけだから、他のはワーッてやって聴いてればいいけどさ、僕らはそうじゃないでしょ。僕らが出てくると、やたらわけのわからない大きな音で、喋んないし、ガーッとやって、パッと終わっちゃうっていう。

――でも、ロック・フェスとかで、ミカ・バンドが去った後は、妙に印象的な空気が残っていました。

いちばん受けたのはね、僕とミカだけ『黒船』のプロモーションでロンドンへ行ってた時。本当は帰って次の日に大阪の天王寺の野音で僕らがトリのコンサートがあったの。それが、霧で飛行機が出なくて、コンサートの当日に着いちゃったわけ。野音だから昼間だったのよね。出番が五時頃とかそんなので。あの頃のヨーロッパ便だから、アンカレッジ経由で着くのが朝なのね。今みたいに成田じゃなくて羽田で。そこから国内線で大阪に飛んで、そのまんまいきなりステージやって、「いまロンドンから帰ってきました、ミカ・バンド」って司会の人が言って、いちばん受けた。リハもなにもしてないんだもん、本邦初。そのまんま（笑）。やることは僕ら完全にいつも決まってたから、何もしなくても出来るんだけどね。一切、違うこと無しって。

——全部決まっているんですか？

決め決め、曲順変更もなし。

——それは誰が決めたんでしょう？

なんとなくそうなっちゃった。曲順とか、いわゆるコンセプトアルバムのイメージのステージのままだから。変えようがない。だから、パッと行けば、もうできるわけよね。それこそ今のローディーじゃないけど、アンプなんかも重実が全部チューニングとかしてあるから。僕なんかパッと行って、そのままギターこうやつて、ガーッとやれば鳴るっていう状態に、本当になってるのよね。だから、ギリギリに天王寺の野音に着いて。

「そこでもトノバンはお弁当を食べてた」って幸宏はいまだに言うんだけど（笑）。「お弁当を食べてから出た」って。「食べてないよ」「いや、食べてたよ」。記憶にない。幸宏は見てるって言うんだよね。なんかつまんでから出たとか言って。

いちばん受けなかったステージは、キーボー（上田正樹）（4・19）のサウス・トゥ・サウスと一緒に出て、彼らが先で、キーボーが乗せるだけ乗せて、しかも大阪だったわけよね。厚生年金会館かなんかだったかな、ギンギンに乗せちゃった後で、僕らが行ってもシーンとして、畜生とかなんとか言って帰ってきちゃった。二〇分くらいで止めちゃう。ハショッちゃう。小原がまず言うんだ。「ねえ、あれとあれ、止めない？」とか。いまだに同じ性格。「やめようよ、帰ろう、帰ろうよ」。

ミカ・バンドのロック

ザ・フォーク・クルセダーズからサディスティック・ミカ・バンドへという展開を、変身、変節と受け取った人も少なくはなかったようだ。このインタビューのなかでも、サディスティック・ミカ・バンドの初期に、ザ・フォーク・クルセダーズ時代のファンと敵対する場面があったことをほのめかしていた。

ばかばかしいことだけれど、とくに六〇年代の日本ではロックとフォーク・ソングを対立的なものと見る考え方があった。そういう観点からすれば、フォーク・ソングをやっていた加藤和彦がロックを始めたのは変節だということになる。しかし、その歴史を見てみれば、ロックとフォーク・ソングが対立関係などではないことはすぐにわかる。

ザ・フォーク・クルセダーズからサディスティック・ミカ・バンドへと表現のスタイルが変わろうとも、加藤和彦の音楽観、その本質は変わっていなかった。

――ミカ・バンドの前まではロックをやることってかなり意識していたんですか？　フォークルの頃はフォーク・クルセダーズっていうくらいですから。

意識してたのかもしれないし、**結局**は**電化**されないまま、**音楽**やってしまったから。フォーク・ソングやってたから。「**電化**したいな。**冷蔵庫**も**欲**しいな。クーラー**欲**しいな」っていうのは、それを**ロック**と**呼**ぶならそうでしょう。

――いわゆるロック的イメージでいえば、たとえば電化されていたり、表向きのビートがすごくあるというような認識がありましたよね。

それはやっぱりね、わめきゃロック、じゃないっていう。やっぱりロックって、アヴァンギャルドとか、国が違うけどボサ・ノヴァも僕にとってはロックなんだよね。それから、絵画で言ったら、どこで見るかによって違うけど、一九世紀後半から二〇世紀見ると、普通の具象に対して印象派ってあるわけでしょ。バロックもそう。全部それはロックなわけでしょ。だから言葉がないのよ。アンチでもない。反体制でもないいんだよね。反体制の要素も含んでるけれども、既成事実に対する反逆で、ある種の芸術形態っていう、ロックなのね。だからボサ・ノヴァもロックなの。そういう意味でのロックだったら、ロックを非常にやりたかった。

――そういう意味でいうと、六〇年代からロックしていますね。

フォークルというのも、その意味ではロックですからね。

バンドは生き物だと言われる。それは、まさに異なるキャラクターのメンバーが集まって、ひとつの音楽の個性をつくり出す難しさを象徴した言葉でもあるし、そのメンバー同士の関係がけっして固定的ではないがゆえに、その音楽自体も変化していくし、バンドそのものの存在も左右されていく。

もちろん、もっとも重要なのは、そのバンドがどんな音楽を生み出したかということであって、メンバー同士の仲が良かったとか、仲違いがあったかなどは副次的なことだ。バンドの寿命が長かったからといって、そのバンドが優れていたということにはならない。

サディスティック・ミカ・バンドもその活動期間は約三年とけっして長くはない。しかし、サディスティック・ミカ・バンドが残したものは非常に大きい。

なにより、その結成動機として加藤和彦が語っているように、グラム・ロックに象徴される一九七〇年初頭のロンドン・ポップ・ムーブメントをいち早く消化して表現したこと。さらに、『黒船』におけるトータル・アルバムの試み、そして日本のアーティストがグローバル・スケールで活動する可能性を提示したことなどは、日本の音楽シーン全体に対する非常に大きな功績だ。

それと同時に、加藤和彦とバンド・メンバー、そしてメンバー同士の関係性や音楽志向のズレなどが、サディスティック・ミカ・バンドのサウンドにそれぞれの表情をつくり出していったことも忘れることが出来ない。

それにしても、これだけ個性的で、しかも演奏家としてのクオリティの高いメンバーをまとめていくのは大変だったに違いない。

――加藤さんとバンドのメンバーの関係はどんな感じでしたか？

これがまた話せば長いんですけど、長くていいのか。

レコーディングとか曲をつくる時にはみんなシリアスだから、それぞれ協力してやってるけど、普段は全然バラバラでしょ、どっちかというと。僕と幸宏っていうひとつの関係と、幸宏と小原っていうひとつの関係と、それから高中はまるでひとりの人ね。これを取りもってなきゃいけない僕のニュートラル。それが入り混じってた。

初期の高中は、完全に酔っ払ってステージに立つこともあって、「どうも」って帰って来たらステージの袖で倒れてたってことが何回かあった。一枚目の頃ね、ある日、忘れもしない、小原が、「トノバン、高中、ちょっとヤバイからやめさせようよ」って言うんだよ。「ヒョコ（永井充男）（4・20）のほうがいいよ」って言う。永井君、その頃いちばんファンキーなギタリストだったから。しょうがないから高中を呼んでクビを伝えたら「ああ、いいよ」って。軽いでしょ。（笑）で、ヒョコが入ってやったんだけど、派手じゃないのよね。良いんだけど、渋いけども。三回くらいステージやったら、小原が「やっぱり高中だな」って言うわけよ。「トノバン言ってよ」って（笑）。「おまえねぇー」。

みんなに聞いてやっぱり高中のほうが良いと言うんで、高中に連絡しようとしたらハワイに居た。ハワイに国際電話かけて、「高中、またやろうよ。イギリスからプロデューサー来るから」って言ったら、「ちょっと考えさせて」「考える暇ないから、帰ってきてよ、やろうよ」「ウーン」とか、すぐにイエスとは言わない。電話が切れて、「どうかな」、わかんない、あいつだけは読めない。だけど特有のカンでやったほうがいいと思ったのか、突如、スタジオにギターを持って現れた。「やる」って。

その頃、小原は小原で、ミカ・バンドと同時にバンブー（4・21）とかやってたけどね。まあ、単なるセッションだけど。みんないろいろあるから。やっぱりミカ・バンドがいちばん、お金にはならないけども、やってていちばん居心地はいいっていうか。それでずっとやってた。

『サディスティック・ミカ・バンド』

ザ・フォーク・クルセダーズの「帰って来たヨッパライ」でのテープ早回しに始まって、加藤和彦はレコーディングにおいても、日本ではほとんど例がない試行錯誤を積極的に行ってきた。サディスティック・ミカ・バンドに先立つソロ・アルバムでも、二枚組へのトライと抗議文のジャケットへの記載、シンセサイザーの導入、レコーディング・メンバーやプロデューサー・クレジットの表記など、レコード会社との軋轢を超えて、彼が実現してきたことは多い。

そうした前例のない試行錯誤は、サディスティック・ミカ・バンド時代にはさらにエスカレートしていく。

――サディスティック・ミカ・バンドのレコーディングで、初めてやったということはかなりありますか？

いや、闘いの歴史ですよ。ミカ・バンドの時は本当に、思いつくだけでも結構あるよ。

一枚目の『サディスティック・ミカ・バンド』の時は、まずスタジオのブロックができない。今な

ら当たり前だよね。それができない。どこのスタジオもできないわけよね。「スタジオのスケジュール、見せて」って、そこまで行って、パッと見たら空いてるわけ。「ここ、いいじゃない。じゃ、ここ」っていったら一二月二七日～一月一〇日。当たり前だよね、空いてるよね。いわゆるお正月休みだから。「ここでいいって」「いや、ここはちょっと。エンジニアもいないし」「エンジニアはいるから」「電気も落ちちゃうんで」「電気だけ点けといてくれれば、守衛さんとやりますから」とかなんとか言って。結局、折れてくれて、エンジニアの人も正月返上で出てくれて、一応ブロックして。それだけじゃ足りないけども、それを全部使ってやったのが一枚目のアルバムね。

――スタジオを一定期間押さえてしまうブロックという発想はどこから出てきたんですか？

いろいろ機材もあるし、音にはこだわってるわけでしょ。でも、その時代、アーティストが（調整）卓を触るっていうのは御禁制の事項だったわけ。エンジニアだけが触る。でも、僕らは触ってた。触っていいと言ってくれるエンジニアでやってたから。そうすると、細かいとこ全部やって、その頃はレコーディング一日置きとかってなるから、次に同じことをやろうと思ったら大変なの。コンピュータなんてないし、その当時から全部チャンネルにイコライザーをかけてたから。その日の最後にコンソールの状態をポラロイドで撮ったこともあるけど、結局、意味ないんだよね。これくらいじゃ、気休めで。

全部、このままの状態で一カ月レコーディングできれば最高じゃない、って発想で、ブロックっていう言葉は使わなかったけど、真面目な発想。だけどできない。「なんでできないんですか」って言うと「スケジュールが入ってる」って言うわけよね。今みたいに、そこ動かしてくれるって無いじゃない。もともとブロックの発想がないから。で、他のスケジュールが入っていないお正月にやった。

次に起きた問題が、クレジットをパーッと書いてたけど、見るのも面倒くさいから、喋ろうよって、今で言うとラップだよね。全部クレジットを音楽に乗せながら、亀ちゃん（亀渕昭信）に喋ってもらった。それはシングルでおまけでついているんだけど、段ボールジャケットにシングルが入ってる。別にたいした問題じゃない。「シングル入れるのはいいです」って言ってたわけ。それが急に「ダメです」って話が変わってきて、「費用がかかるからか？」と聞いたら、そうじゃなくて二枚組だったら同じサイズのレコードだからいいけど、シングルが入っていると、こっちが傾いてゆがむ。返品が来るっていうわけ。なにをか言わんやでしょ。それをぶちぶち言ってやらして、それがまずミカ・バンドの一枚目のトラブルじゃないけど、主張。

――「ピクニック・ブギ」かっこいいですね。

ナンセンスソング。一応、ジャンルとしてはそういう意味無し歌。「サイクリング・ブギ」はある種プレスリーのあれなんだけど、「ピクニック・ブギ」は、ちょっとイギリス、カントリーサイドに行ってるんですよ。こんなの好きになっちゃダメですよ。ダメですよって言ったって。

――「恋のミルキー・ウェイ」も印象的でした。

「恋のミルキー・ウェイ」は日本初のレゲエというか、スカに近いよね。これはマルコム・マクラレン（4・22）の影響で、イギリスに行って、毎晩「ちょっと行こうよ」、ウェストエンドの方で、ほとんど人里離れたところで、ちょうどスカからレゲェになるくらいのクラブがあって、僕ら以外はみんなジャマイカンばかり。そこへ毎日、全部シングル盤もらってきたっていうか、買わされた状態で。持って帰ってきたら小原が飛びついて。でも本当のいちばん最初のレゲエは、泉谷（しげる）（4・23）の、タイトル忘れた、ミカバンドと並行してちょっと前に泉谷のアルバム『光と影』をプロデュースしたんだけど、そこで正調レゲェをやってる。それが、ほんとうは第一弾。そっちで実験して、使い物になりそうだと。

――ジャケットのデザインも印象的ですね。歌詞カードについている写真も面白い。

この写真は奥村（靫正）君（4・24）の家で撮ったの。バックの絵も自分で描いてる。一緒に写ってるのは奥村の犬。どかないんだもん。どかないから入れちゃおうってサングラスかけて。入れる気はなかったんだけど、「どけ」って言ってもどかないんだもん。この衣装は日劇ミュージックホールから借りてきた。しめて五〇万円。その頃異色の金額。

――今だったら稟議書回るんじゃないですか？

稟議書回る。今だと一五〇万円くらい使っちゃった感じがある。

『黒船』

『サディスティック・ミカ・バンド』はヒット・アルバムにはならなかった。卓越した演奏力がつくり出すダイナミックなロック・サウンドと本職のシンガーではないミカの奔放なヴォーカルのギャップにとまどった人も多かったのかもしれない。

しかし、このアルバムでサディスティック・ミカ・バンドが聴かせているサウンドは、ソリッドでパンキッシュなビート・ロックから、オールディーズ・テイストのロックンロール、ファンク・テイストのポップサウンド、そしてAOR（大人向けロック）まで、幅広いロック・アプローチのなかから、時代感覚を浮き上がらせようとするものだった。『サディスティック・ミカ・バンド』のレコーディング直前に、メンバーは約一カ月ロンドンに滞在して、その空気を体感してからレコーディングに臨んだという。

その成果もあったのか、サディスティック・ミカ・バンドの先進性は、この先の加藤和彦の言葉にも出てくるが、ロンドンのロック・シーンで評価され、それがプロデューサーにクリス・トーマス（4・25）を招いて制作されたセカンド・アルバム『黒船』につながっていった。

――『黒船』のレコーディングはどんな感じだったんですか？

まあ『黒船』は大変でした。あれも僕ら初めてかな。スタジオに入る前に曲が出来てない。

――一枚目の時は出来てたんですか？

うん。一枚目は全部曲をつくって、いわゆる普通のレコーディングだったけど、『黒船』は一応みんなで頭絞って、何かやるんだけど出ないの。なんとなくイメージはあるんだけど、曲は何も出来てない。スタジオに行っても何も無い。でも、さすがにクリスはプロデューサーでうまいなと思って。後から聞いたらピンク・フロイドにしても何にしても、全部それの権化だから、平気なのね。別に、曲なんかスタジオでつくりゃいいっていう。

なんにも強要しないし、勝手に遊ばしてる。誰かが何かインプロビゼーションでフレーズつくって、何かやってまとめていって、これがいいとか、こう行こうとか、もうちょっと、とかやっていく。

その頃から僕ひとりだけがオリエンタルを考えていた。みんなはどっちかっていうと、小原はアメリカっぽくしよう、幸宏はイギリスっぽいっていう感じで、僕ひとりオリエンタリズムを考えてたから、なんかいうとすぐオリエンタルのほうに持っていって。クリスもそういうの好きだから、みんなも文句を言いながらも逆らわない。で、そんなふうにスタジオで遊んでる時に、クリスがパパッと入ってきて「今のはなんだ」。そこだけ録るって言って、全部やっちゃって、つなげて曲にしちゃう。それを松山猛が全部聴いて、詞をつくっていく。

「黒船」っていうコンセプトは松山だから。僕と話してね、「なんか日本を表すものでないかな」って言ったら「黒船がいいんじゃない」。そうやってだんだんまとめていった。スタジオに入って、まるでゼロからアルバムやったのは、日本ではたぶん僕らが初めてだと思うよ。

――ものすごく大胆な試みですよね。やってみないと、なにが出るかわからない。

全然出なかったら最高だけど、なんかは必ず出るから、やってれば。

――クリス・トーマスにプロデュースを頼んだのはどういういきさつだったんですか？

直接のきっかけは、今野雄二と一緒にロンドンで遊んでいて、ロキシー・ミュージックの追いかけみたいなことを今ちゃんがやってたから、つきあって。そのうちブライアン・フェリーとかイーノ(4・26)とかとも仲良くなって。僕はイーノと仲良かったんだけど、クリスにも「こんにちは」って。「おまえ何やってんだ」「音楽やってる」って一枚目のレコード渡したわけ。

ロンドンて小さい街だから、すぐだいたい友達の友達は友達だっていう感じで、みんな知ってるわけよね。マルコム・マクラレンとなんとなく知り合いになっちゃって、彼にもレコード渡したら、ミカ・バンドの一枚目って、言ってみればパンクだよね、かなり。それで彼が気に入っちゃって、彼がほとんど私設プロモーターで、方々で言いまくってくれて、レゲエを観に行こうとか、全部連れて行かれた。レゲエというよりスカに近かったけど。

それこそ、みんなグラム・ロックやってる時に、マルコムはやっぱり早いんだよね。そういうのやってるところへ行ってガンガン聴かされたわけ。僕もちょっとあったから、「恋のミルキー・ウェイ」とかにレゲエの要素が入ってたでしょ、それもガンガンマルコムがやって、「なんでこんなの知ってるんだ」って話になって。それとは別なところでクリスが、ブライアンなんかと話してて「あいつら面白い」とか、クリスのほうから「プロデュースをしたい」って言ってきたわけ。なんとなく僕らも「そうしてもらおーかなー」みたいな時にちょうど。

――まあ、いーかなーみたいな。

外国人のプロデュースは初めてだから。

――とくにクリス・トーマスだからという意識はなかったですか？

クリスのことは、僕はプロコル・ハルム（4・27）、ビートルズで知ってたから、本人にももちろん何回も会ってるし。いい人だし、その頃バッド・フィンガー（4・28）もやってた。やってる厚いサウンドが好きだったのね。あの頃でいうブリティッシュ・サウンドっていうのを、僕らがやろうとしてもどうしてもできないから、絶対クリスならできるに違いない、だからやってもらったっていうか、いろいろ秘密を教わったというか盗んだというか。大した秘密じゃないんだけどね、やってみると。

——でもあの当時、どうやっているんだろうというのがあったんでしょうね。音を聞いてて、この音はどうやって録っているんだろうって。

まあ、それはレコーディングテクニックだから、いろいろテクニカルなことは山ほどあって、いろんな細かいことはあるけれど、やっぱり音楽に対する基本姿勢が違う。よく音志向っていうけど、外国のって全然音志向じゃないんだよね。歌だったら、歌をいかにどう立てるかってことしか考えてないもんね。サウンドを損なわずに、歌をどう聴かすかっていう。

日本だとよく「もっとリズムドンパチに」って言うけど、単に太鼓の音量を上げればドンパチになるかっていうと、ならないよね（笑）。そういう歌の立て方っていうか、本当のレコーディングテクニック。それとアーティストコントロール。これがいちばん大きいね。いかにのせて演奏させてしまうかっていううまさ。飽きさせないうちに、のせて録っちゃうっていうやつ。それは人によって違うからね。

——クリス・トーマスは高中さんをどう見ていましたか？

高中はやっぱりブルース。アルヴィン・リー小僧だから、イギリス・ハードものギターって、ジャンルとしてあるわけじゃないけど、彼にああいう感じを伝えるの、だいぶ苦労したけどね。

高中ってそういう意味じゃいちばん感性的には違ってるから、言葉じゃ伝えられないんだよね。幸宏なんか普通の話をしてて、「こんな大根みたいな音いいんだよね」っていうんでわかるけども、高中と話してると「大根て、どういう意味？」みたいなさ。真面目になっちゃうわけ。そうすると煮詰まっちゃう。

だからイギリスものの洗礼をするのは大変だったけど、でも、そのわかんないところが、かえって面白さで、僕は放っておいたわけ。クリスも放っておいた。だからクリスがそのアンバランスの面白さをわざと置いておいたっていうか。メチャクチャにしちゃうの。あいつのギターを入れると、いきなり。この間のミカ・バンドのリユニオンでも、まるで同じだったから、笑いそうになっちゃった。高中の曲だけ、どうしようって。

だけど、やっぱり天才だから、アドリブでパーッと弾いて、次にオクターブ上でやってって言うと、すぐに弾けるもんね。本当のアドリブなのよ。大変なもんよ。いい時しか録らないから、アドリブなんか。それをクリスが「もうオクターブ上で弾けるか」、「はーい」とか言ってやっちゃう。そういう意味では天才なんだ。

――『黒船』に感じる江戸趣味というか感覚はどこから？

「どんたく」は完全、大江戸趣味ですね。元禄趣味。

この頃は、はっぴいえんど風に日本的な表現をするっていうのはあったけど、これもまぁ屈折してるわけだけどね。『黒船』で長崎に行ったっていうのはね、なんかストレートに日本語でいくのは、やっぱり気恥ずかしい部分というのがやや有り。

でも、僕がひとつだけ自慢できることっていうのは、レコードを出して、日本語で歌って恥ずかしいと思えるようなメロディ、あるじゃない、いわゆる、日本語わからない外国人に聴かせて「なんだ」っていう、そういうのはつくった覚えがないんだけどね。自慢できるとするならばそれひとつだけ。

「塀までひとっ跳び」は林と小原がぶっとんでつくった曲だから、わたしは関与しておりません（笑）。タイトルが示す通り、単にぶっ飛びソング。

レコード会社との軋轢

こうして完成したアルバムは、サディスティック・ミカ・バンドの演奏力、音楽的な幅広さを活かしながらも、日本と外国の出会いをテーマにした日本初のトータル・アルバムと呼ぶにふさわしい画期的な作品となった。

しかし、このアルバムでもレコード会社との熾烈な攻防は展開されていた。

――『黒船』の歌詞カードが縦書きというのも印象的でしたね。

「黒船』の時は、ジャケットを一切タイトル無しにしたいと。あの頃、流行ったよね、ピンク・フロイドの『原子心母』とか。

でも、「それはちょっと困る」。困るったってね。「帯つけて外れるようにすればいいじゃない」、帯つけたのは、たぶん僕らが最初。その帯が取れちゃうとか何とかで、真空パックを最初にしたのも僕らなの。当時、輸入盤は真空パックだったけど、日本盤はなってないわけ。真空パックにしてくれと言ったら、東芝にはまず真空パックの機械が無いと。聞いたら、輸入盤屋さんも真空パックを一回取って、検品をしてからまたパックするの。だから、機械はある。たいしたことじゃないわけ。ここにあるじゃないか。で、やってもらった。

ジャケットの背の番号も本当は取りたかったんだ。ピンク・フロイドは背の番号もないんだよね。でも、これだけはちょっと勘弁してくれと。じゃ、まあ、それは妥協しようと。その代り真空パックにしろと。

――当時、真空パックは画期的でしたよね。洋楽みたいだなと思いました。

その歴史の連続で。あ、もっとあった。外国で、ミカ・バンドのレコードを出すということになると、その頃はファックスないからテレックス（4・29）でやりとりしてるわけね、イギリスのEMIと。でも、邦楽部はテレックス持ってないわけ。なんで洋楽部のテレックス使うんだ、使わないでくれって、いじめがくるわけ。

――加藤さんには、あまり闘う人っていうイメージはないですね。でも、当時、そういうことを実現していくのにどういう交渉術を使ったんでしょう？

交渉はしていないんだけど、単に本当にそう思って、そう言ってるだけで。僕にとっては無理なことじゃなくて、相手にとっても無理なことを言ったつもりはないから、「なんでこんなことができないんですか」って話ばかりじゃない、みんな。なんかとんでもないことをやれって言うならね、そういうこと言うたちじゃないから。今、それくらいしか思い出せないけど、もっとね、死ぬほどありますよ、いろいろ。

二インチ幅のマルチテープを初めて切ったっていうのもあったな。僕らも初めてだったけど、いろんなテープに音を録って、クリス・トーマスが「ここところをつないで」って言ったっきり、彼は行っちゃうわけ。エンジニアの人が、「き、き、切るんですか」みたいな話でさ（笑）。「そういえば、どこかにカッターあったな」と、まずみんなでカッターを探しに行って、「ありました」。パッとあけて。切ったことがないから、初めていきなり、「おまえちょっと手術しろ」って言われたみたいなもんだから。「切っていいの……」「やっちゃえば。貼れば戻るでしょ」。初めて切った。

――なにか言ってくるんですか、ＥＭＩも？

こちらの意見を言うと、これこれこうだからこうしたいって。ケンカしてるわけじゃないけどね。出す前に結構プロモーションしたのね。僕とミカのふたりでひと月くらいイギリスに居て、ラジオとか出て。その頃はそれほど英語も得手じゃなかったけど、でも通訳はいやだ。わかった。そうすると本当に、通訳なしで雑誌のインタビューでも一日に全部英語圏の人がガーッと来るわけよね。『NME』とか、新聞とか全部。死にそうになっちゃうけど。

その当時は僕、完全に今と同じような恰好をしてるから、EMIは「もうちょっと日本的な恰好してくれ」とか言うわけよ。「日本的な恰好って着物でも着るのか」「そういうわけじゃないんだけど」そこらへんでも結構大きなことになるわけよね。

――イギリスでの取材はどんな感じでしたか？

イギリス人のジャーナリズムってすごい面白くて、日本でもすごい真面目なジャーナリストっているじゃない。そんな感じで、インタビューに行くと、本当に研究して来るよね。聞くことが鋭いから、ウッ、困っちゃうよね。いい加減なことは聞かないもんね、紙でわかることは聞かない。聞き方が、たとえば「日本の伝統音楽と、あなたたちの音楽との関係はどういうふうに思いますか？」みたいなとこから始まって。これ、質問は簡単だけどすごく難しいよね。全部話さなきゃならないじゃない。日本の音楽の歴史を。日本のことはよく知ってるわけ。そういう日本の音楽でそういうのが出てくるっていうのは「なんであなたはそういうことをやっているのか？」っていうことになってくるじゃない。心理分析に近いっていうか、ほとんどそういう質問だよね。

それが本当の質問だよ。それを再構成して記事にするでしょ。その通りのことを言うんじゃなくて。ジャーナリズム自体も違う。アメリカも違うよね。

――アメリカのジャーナリストとはおつきあいありますか？

あんまりない。一応アメリカで出たときにはちょこっとはやったけども、イギリスのほうが狭いからちゃんと真面目な人が来て書く。アメリカは、自分はメディアを三五も持ってます。私を雇えばこれだけ載ります、って人が来るから、いわゆるおざなり質問みたいな、写真一枚、ハーイみたいな形で、それが全部パーッと載るっていうほうが多いよね、アメリカは。『ローリングストーン』（4・30）とか、そういうインタビューがあれば別だけども、『ビルボード』（4・31）っぽいやつだと、いわゆる日本の『オリコン』（4・32）に近い、パブリシティー。

――日本だと音楽ジャーナリズムがしっかり確立していないですね。

それは、すべてのジャーナリズムに対してそうだけれども、それを嘆いていてもしょうがないんですけど(笑)。

イギリス・ツアー

サディスティック・ミカ・バンドとしてのキャリアのひとつのピークとされているのが、一九七五年一〇月二日から二四日まで行われたイギリス・ツアーだ。これはロキシー・ミュージックのイギリス・ツアーのオープニング・アクトとしての出演だったが、サディスティック・ミカ・バンドのステージは非常に好評で、ロキシー・ミュージックを喰ってしまうこともあったという。

日本のロック・バンドとしては初のイギリス・ツアーを成功させたという意味でも画期的だったこの公演だったが、その直前に小原礼が脱退、代わりに後藤次利(4・33)が参加していた。

――イギリス公演には小原さんはいなかったですね。

ギリギリでロンドン公演が決まる前に小原が抜けちゃった。そのあとでイギリス・ツアーの話が来たのよ。小原がやめて、ほんの二週間くらいの差よ、来たのが。「チクショウ、バカヤロウ」と思ってたから、次利に電話したわけ。拓郎かなんかのツアーをやっていた。それで、ツアーのほうが先に決まったから、アルバムをつくらなきゃいけないと。それで『ホット・メニュー』をでっちあげた、というに近い。ほとんどバラバラ、グショグショアルバムだね。ツアーのためだけにつくったみたいなもんだよね。テンションはすごくきついけれども、あれは不思議なアルバムだよね。

――それにしては、ビジュアルなんかも凝ってましたよね。

ジャケットは麻布十番温泉（4・34）で撮ったの、カメラマンの鋤田（正義）さん（4・35）が交渉して。「よく皆さん、見えるんですよね、使わしてくださいって」「そこをなんとか」。変なこと交渉しちゃったよ。

「うちは朝からやってるんですよね」。朝から焚くから空にできないって、「じゃ入っててもいい

や」って、朝早く行きますって。周辺の人のために、朝七時かな、すごい時間から開いちゃうのね。鋤田さんが朝の六時頃やってきたの。「沸かさなきゃいけないから、湯気たっちゃいますよ」「いい、いいですよ」。要するにお湯が抜けないんですって。抜くのは何日に一回、洗う時だけで。僕らは入らないで、「今井、おまえ入れよ」とか言って、だから一人だけ入ってるの。むちゃくちゃだ。だから本当に湯気が立っている。

——あそこは、江戸風サロンみたいですね。畳敷きの海の家式の大広間で。

(内田)裕也さん(4・36)によく呼び出されたよ。「加藤君、ちょっと話があるんだけど、十番温泉に朝一一時」(笑)。風呂に入って話した。得意のロック・フェスティバル話を。向こうはずっと起きっぱなしの一一時なんだけど、それで朝、風呂入ってすっきりしようって魂胆なんだけど。好きなんだよね、裕也さん、十番温泉が。そういう顛末で。

サディスティック・ミカ・バンドのベーシストは、小原礼から後藤次利に受け継がれた。しかし、やっぱり加藤和彦のなかでは、サディスティック・ミカ・バンドのベーシストは小原礼だったのだろう。

一九八五年六月一五日に東京・国立競技場で行われたイベント『国際青年年記念オール・トゥギャザー・ナウ』でのサディスティック・ミカ・バンド（4・37）では後藤次利が参加していたが、その後の二回のサディスティック・ミカ・バンドのリユニオンでは、小原礼をベーシストとして復帰させている。

ともあれ、後藤次利の参加を得て、あわただしく『ホット・メニュー』をつくり上げると同時に、加藤和彦はイギリス・ツアーに向けての準備にとりかかっていた。しかし、このツアーはイギリス側からのギャランティはなく、渡航費等を調達しなければならなかった。

イギリス・ツアーは加藤和彦だけでなく、日本のロック・シーンにとって大きなチャンスだった。どうしてもドメスティックな思考、そして活動スケールに留まりがちな日本のロック、少し大きく言えばコンテンポラリー・カルチャーにとって、このツアーは現実面でも、そして意識面でも海外と回路を結ぶ重要な機会だったからだ。

しかし、皮肉にも現実の条件は最悪だった。最大の武器であるサディスティック・ミカ・バンドの寿命は尽きようとしており、しかも、その活動も綱渡り状態だった。

それでも、加藤和彦はイギリス・ツアーをやり遂げる。

――サディスティック・ミカ・バンドのイギリス・ツアーは、いろいろな意味で、かなり大変だったようですね。

イギリス公演前には、完全に解散の暗黙の了解があったんだけど、イギリス公演はやろうと。ライヴっていうのも、あの頃そんなに金もないし。さびしい話があるんですよ、いろいろ。みんな行ったら大変じゃない、運賃だって。東芝だってそんな援助はできない。あの当時にしたらすごい出してくれた。一五〇〇万円出してくれたのかな。一〇〇〇万円かな。

だけど、飛行機代なんとかしなきゃいけないっていうんで、ＪＡＬ（日本航空）に知ってる人がいるから掛け合って、『ホット・メニュー』の中ジャケットに鶴マークをつけて、ジャケットからパッと出すとＪＡＬの鶴マークが出てくる。かっこいいじゃない。

「ＪＡＬって文字は入らなくていいですか」「いいよ、鶴があればすぐにわかるから」、そこまで話をつけて。そしたらただで往復のチケットくれるって話をつけて東芝に持っていったら「一企業の宣伝を入れるわけにはいかない」。だってかっこいいじゃない。パッと開けたら鶴マークなんて。そこは僕らしいんだけど、「ＪＡＬ入れなくてもいいですか」ってちゃんとチェックしてあるんですよ。それを東芝は、決めたのはだれか知らないけど、官僚みたいに「前例がないのでそれはちょっと。レコードに広告を載せるわけにはいかない」。「法律でもあるのか」「法律はないけども、一応これは東芝のなんで他社のは入れられない」って話。「じゃ、飛行機代出せ」って話で出してもらった。出してもらったって言っても結局、得意のエアロフロート。

だから言ってみれば、実現していれば、たぶん最初のタイアップ。ならなかったんだけどね。そんなこととか、諸々あったの。そういう闘争の歴史があるんですよ。

――ライヴ・アルバム『ライヴ・イン・ロンドン』が出ましたが、これは最初から準備していたものですか？

ツアーの前から、これが終わったら、もうバンドはダメだろうなと。普通だったらライヴ録るって話になるけども、そんなご時世じゃないから。向こうのPAチームがすごいいい奴らで、僕もちょっと「記録に残したいから」って言ってたんだけど、カセットよ。だから完全ミックスになっちゃうわけよね。「全部録ってちょうだい」って言って、一〇何本くらい全部のテープを、すごい良いクオリティでやってくれたのね。

あのアルバムはそのカセットの音だから、客席の音とかが入ってないわけ。そのカセットに、後から拍手を足して、それがあのライヴ・アルバム。あれはカセットですよ。

——ツアー先のイギリスでなにかエピソードはありますか？

ミカバンドがツアーする時に、オックスフォードにヴァージン・レコードっていう小さい、でもオックスフォードでは大きいレコード屋さんがあって、そのおじさんがリチャード・ブランソン（4・38）だったの。他のレコード店が、EMIがすごいプッシュしてるから置いてはあげる、という感じの時に、オックスフォードのヴァージン・レコードは、入口の左右両方のディスプレイに、日本の山口小夜子（4・39）のマネキン、初めて東洋人の顔としてできたマネキンがあるわけね。それを置いて、すごい日本風にして、僕らのポップメニュー全部やったのがリチャード・ブランソン。だからその時に僕は会ってるのね。彼はそれは覚えてないかもしれないけど、やったことはたぶん覚えている。いちばん最初にやってくれたのがヴァージン・レコードなの。他のレコード屋さんは、海のものとも山のものともわからない東洋の国のレコードなんて、店頭ディスプレイで宣伝しないよね。オックスフォードで全部やってくれて、インパクト強かったけどね。そういう精神があるのよね、リチャード・ブランソン自体に。

彼はアーティストじゃないから、アーティスティックな側面と、超ビジネス感覚。その間がないっていうところが現代のタイプだね。

――加藤さんは、イギリス・ツアー後もバンドを続ける意思はありました？

だってもう、みんながグチャグチャになったらダメでしょう。全然メンバーは入れ替えてとか、そういう気はないから、ダメならダメでいいんじゃないのと。イギリス公演までやっちゃったんだから、もう、やることがないっていう、その後で日本で、今だと、凱旋公演みたいなのとかあるじゃない。もう一切、嫌だから。

行く前の日、本当に前の日、共立講堂でやって、そのライヴがいちばん良かったんだけど。今ちゃん(今野雄二)なんかもシリアスな良いライヴだったたって。

送別会しようよって言うんで、送別会の時代だよ。なんか江戸時代、ほとんど。ちょっと外国に行ってきますから、送別会。その頃は、六本木に「キャステル」っていう会員制のディスコがあって、オーナーを知ってたんで、貸し切って、その当時はクラブ貸切なんてありえなかったんだけど、いわゆるプレス関係の人とワーッとやって「明日行きまーす」、そういう感じでしたね。

――そういうのも初めてじゃないですか。普通、ホテルの宴会場とかですよね。

「キャステル」なんか貸切しないし、高いから。でも知ってたからね。本当に今と同じ、シャンペン飲み放題の、あの世界、ずっと続いてる。

ドーナツ・レコード

サディスティック・ミカ・バンドに関して見逃せないことのひとつが、バンド発足とともに生まれたドーナツ・レコードだ。それまでにも、URC、エレック、ベルウッドなど、日本の黎明期インディーズ・レーベルと呼べる独立レーベルがあった。そして、加藤和彦が所属していた東芝音楽工業のエキスプレス・レーベルのように、既成の歌謡曲とは一線を画した新しい音楽のためのレーベルを社内に設ける動きもあった。

ドーナツ・レコードも東芝EMIの社内レーベルとして設けられている。しかし、このレーベルは、エキスプレスのような、音楽ジャンルを差別化するためのレーベルとも違っていた。端的に言えば、これは加藤和彦の活動のためのレーベルだった。

――ミカ・バンドの時に、ドーナッツ・レコードをつくりますよね。名前はどこから取りましたか？

単に思いつきよね。ドーナツ盤だからドーナツ・レコードか、あれ本当に写真を、真面目に撮った。あれも鋤田さんに撮ってもらったんじゃないかな。こうやってドーナツ乗っけてる。あんまりはっきり写ってないけど、ドーナツを買ってきてつくったのかな。大きい穴に落っこちちゃうのね。だから止まるように、ここにドーナツがいるっていう。ローリングストーンズのベロと近い。あっちのほうが後だけど。

だけど、そういうことをやって、誰もわかんないでしょ。レコード会社もわかんないし。単に一人で喜んでるだけという。意味がない、はりあいがないって、元から自分が楽しけりゃいいんで。いいの、ひとりくらいウケてくれれば。松山だったけど、その頃は。

そういう精神て、いまだに発見すると嬉しいよね。いろんなアーティストとか、こないだの、ブライアン・フェリーの『タクシー』の日本盤の最後、おまけにプレスリーの「アー・ユー・ロンサム・

トゥナイト」が入ってるでしょ。で、「これは日本盤だけに入っているから、本人の意思により曲間は三〇秒あります」って書いてある。許可求めたら、三〇秒あけろって。抗議文と同じでしょ。まだそれやってるブライアンも素敵だなと思うしね。スティングなんかもそういうの、あるよね。アメリカ人てあんまりないよね。やっぱりイギリス系が多いよね。

——アメリカ人だったら、ノー、やらない。そういうイギリス的な皮肉を込めつつのユーモアみたいな。それでいて意志は固いぞ、みたいな。

ブラック・ユーモア好きだからね。ブライアンなんか、日本来ると、僕お雑煮好きだから年中食べているわけ。イギリス公演でも食べてたから、もちろん知ってるわけよね。来るたびに「トノバン、トノバン、もう一回聞くけど、これは魚を包んだ紙か」って。海苔のことを。知ってるんだけど、毎回言うんだよね。気に入ってるんだよ、そのフレーズ。ご挨拶、言い方が。

——ドーナツ盤という解釈が、いちばん素直ですから、ついつい、ひねりがあったのかと思うんですよ。

ひねりはない。自慢にならないけど、いちばん最初の自家製レーベルですよね。だから東芝というのは、非常に素直でいい会社なんですよ。プログレッシブな、闘いはあったけれども、闘う東芝。

――加藤さんの活動を、番外地にするためにそういうレーベルにしたわけですね。

一応ね、あいつの言うことを聞いてると、他が真似してしょうがないから、これをつくっちゃえば(笑)。そういう意味で。

――加藤さんが東芝を離れる時期に無くなったわけですか？

自然消滅だよね。結局、レーベルだけだから。

――復帰させる気はなかったですか？

いや、全然あのまま考えてないけど、それは。別に今自分なりのレーベルも欲しくないし、僕はあんまりそういった意味での所有欲ないから。別に何の契約したって覚えもないんだよね。勝手にやってる。法律上、中途半端な。

――既成事実としてあったというだけのレーベルなんですね。登録したとかそういうものではなくて。

うん、何もない。

――ミカ・バンドの最後のアルバムまでがドーナツ・レコードですね。

ミカ・バンドは全部そうじゃないかな。でもね、最後は違うかもしれない。レコードだからレーベルを印刷しなくちゃいけないのね。普通のキャピトルとかそういうのは、みんな使うから大量に刷って置いておくらしいのよね。で、最初、「ドーナツ・レコードのレーベルは何枚刷ったらいいでしょう」って聞きに来たから、「わかんないから勝手にやっといて」って言ったら「あれぐらいでしょうね」とかなんとか。管理の人が真剣に聞きに来た。向こうとしては困るらしくて、後からすぐに補充がききにくいから。だから、ミカ・バンドの最後って、レーベルどっちかわかんない。ひょっとしたら、

レーベルがなくなっちゃって、普通の東芝で出した可能性もある、見てみないとわかんない。『ライブ・イン・ロンドン』でしょ。いい加減な話。そんなもんですよ。そういう、真剣なんだけどいい加減ていうのが通用した時代って、素敵だと思うんだよね、僕は。

サディスティックス

イギリス・ツアーを終えて、加藤和彦はサディスティック・ミカ・バンドを解散する。この解散については、加藤和彦とミカとの離婚が主な原因だとされている。もちろん、それも大きな要因のひとつだったろう。しかし、加藤和彦が語ってくれたように、イギリス・ツアーの時点では、すでにバンドの求心力も失われ、メンバーも変わっていた。

サディスティック・ミカ・バンドのコンセプト・メイカーであった加藤和彦には、イギリス・ツアー成功という成果を武器として、メンバー・チェンジをしてバンドを続けるという選択肢もあったし、サディスティック・ミカ・バンドを解散し、新たなバンドを結成するという選択肢もあった。少なくとも、加藤和彦はその権利を持っていた。しかし彼は、彼自身および、ミカ、高橋幸宏、小原礼、高中正義、今井裕の六人の個性が作り出してきたダイナミズムこそがサディスティック・ミカ・バンドである以上、その求心力が失われたなら、解体するしかないという姿勢を貫いた。

そんな加藤和彦の決断とは裏腹に、高中正義、今井裕、後藤次利、高橋幸宏はサディスティックスとして活動していくこととなった。サディスティックスというバンド名はサディスティック・ミカ・バンドをイメージさせる。しかし、正確に言えば、これはサディスティック・ミカ・バンドのリズム・セクションだったプレイヤーによる別バンドというのが正しいだろう。それも、サディスティック・ミカ・バンドのようにクリエイティブなテーマを持つのではなく、アンサンブルが生み出す快感の追求に価値を置いたプレイヤー色の強いセッション・バンドだった。

そんなサディスティックスをどう見ていたのか。それも加藤和彦に聞いてみたいことのひとつだった。

――加藤さんは、サディスティックスをどう見ていましたか？

ミカ・バンドがなくなって、単に僕とミカが離婚しちゃったからやめちゃったっていう説もあるけど、それも正しくて（笑）。あとみんなやる気がなくなっちゃった。僕は常に未練がない人だから、なくなったらなくなったでいい。でも、あちらは未練を捨てきれずに、ビクターから出したんで、

いわゆるエスプリが何もないアルバムでしょ。

ミカ・バンドのイギリス・ツアーの時に、もうみんなバラバラだから、いわゆるバンド末期状態だったんだけども、「帰ったらトノバン、ミカ抜きでやろう」みたいな話は、悪気のない発言で出てくるわけ。僕も知ってるしさ、「やれば」って。あれをやったことで、結局、僕のこともかえってみんな解った。幸宏なんかは前から解ってたけども。

あのサディスティックスやって、みんな解ったんじゃないかな、僕がなにをしていたか。そんな話したこと無いけど。

――サディスティックスという名前は彼らが勝手につけたんですか？

うん、勝手にやったの。そんなの別に、僕どっちでもいいけどさ。ビクターに一人いたのよ、好きな人が。凝ってるんだね、あれ。ジャケットとかいろんなの。一応、コンセプトアルバムで。だけどつまんないんだよ。

日本の音楽

ザ・フォーク・クルセダーズからサディスティック・ミカ・バンドまでの加藤和彦の足跡を聞いてきたところで、改めて加藤和彦の音楽について確認したいと思った。

それは初めて「帰って来たヨッパライ」を聴いた時の、日本でもこんなことをする人が居るのか、という驚き、そして、その後のソロワークやサディスティック・ミカ・バンドの音楽を聴いた時に感じた違和感。それは不快さではなく、ドメスティックな感性に収まりきらない感覚と言えばいいだろうか、この音楽を分類上どこに置けば良いのかとまどってしまうような感覚が、どこから来るのかを確かめたいという気持ちだった。

――当時のリスナーの感覚で言えば、ビートルズのような音楽は、日本人では絶対にできないと思いこんでいたところがあったと思います。

それは僕の少年時代とも関係あって、かっこつけた言い方じゃなくて、僕は一切、日本人とかなんとかっていうことを考えたことはないんだよね。だから、たぶん、はっぴいえんどの方向に行く

のと、ミカ・バンドとの違いがそこなんだよ。その話をしたことはないけど、たぶんミカ・バンドのみんなも考えたことはないと思うんだ。営業戦略上、日本ぽくして着物着ましょうか、とかいうのはあるよ。でも、基本的に日本人て考えたことはないんですよね。

だから自分の中の日本人とかないの。喪失じゃなくてもとからないの。だからもちろん自然に日本語で歌ってるし、ロックやりたいと思ったら日本語でやる。これがもし英語を喋ってたら英語でやってるだろうし。いまだにそうなんだけど、日本人ていうのが無いの、実は。

――逆に言えば、はっぴいえんどのほうが洋楽志向なんでしょうね。

いわゆる洋楽志向ね。すごい洋楽だもんね。

――洋楽的なものをやっていたけど、自分たちが日本人だって気づいた時に出来たのがはっぴいえんどの音楽なんだと思います。

コンプレックスというか、どこかに意識があるわけでしょう。

だから僕らが『黒船』つくったのもアンチテーゼでね。黒船で外国人が日本に来て、日本が変わったわけでしょう。だからその逆っていう。はっぴいえんどが日本的テーマを選ぶのと、僕らがわざと日本的テーマを選ぶっていうのは、一見同じだけど、実はまるで裏返し。

——はっぴいえんどとサディスティック・ミカ・バンドは、表裏一体の存在だったのかもしれないですね。

たとえばあの時代のはっぴいえんどにしても、僕らミカ・バンドにしても、あといろいろあるけれども、そこらへんの持っているグループ・エネルギーは近いものがあると思う。単純に向こうの音楽をコピーしてやってきましたっていうパワーじゃない。たとえばね、いくら今、ブラコンそっくりにやってたとしても、それは単におまえ本当に黒くなっちゃえば、っていうだけで、それとは違うんだよね。

——今の人のほうが、なり切りたいっていう気持ちが強い感じがします。

僕はなり切りたいと思ったことは一回もないもんね。たぶん細野君たちも、なり切りたいと思ってないと思うよ。でも、今はなり切っちゃうんだよね。鏡見ないで成り切っちゃうんだよね、平気で。僕、一回エッセーに書いたことがあるけども、たとえば女の子がパリに行くとする。それまでいろいろ読んでるわけじゃない、『クロワッサン』とか『マリ・クレール』とか。初めて行ったか、何回目か知らないけど、歩いている時は、気持ちはフランス人で歩いてるんだね。全然日本人なんだけど。考えてないにしろ、それに近いところがある気がする。

――細野さんたちの世代は、自分が東洋人だっていうことを意識しているところがありますね。

それか、今だと裏返っちゃって、ワールドミュージックを逆に取って、東洋でございってやるんじゃない。あれも嫌いなのね、僕。だったら日本やれってんだよね。中国へ逃げなさんなっていう感じがあるんだよね。

――だったら邦楽をやりなさい。

そうそう。だったら歌謡曲が本当でしょう。それはいまだに僕にも謎なんだけどね。なぜ歌謡曲がかっこ悪くて、中国っぽくすると、かっこよく思えてしまうかっていうメンタリティー。

歌謡曲のメロディーっていうのは、音楽的に分析すると、コリアン・メロディーでしょ。いわゆる中国系、ペンタトニック系っていうのはコリアン系統じゃないよね。コリアンが悪いってわけじゃないけど、なんか歌謡曲、演歌に通じると。これは完全に日本のベーシック音楽だよね。本当は日本のベーシック音楽は純邦楽だけれども、またそれと一クッションおいて、中国っぽくやると、たとえば非常にうるさいミュージシャンでも許せてしまう、というのがあるよね。

一回、教授（坂本龍一）とその話をしてて、「教授も日本ていうけれども、結局やってるのは中国だろう、なんで日本じゃないの？」って話をしたことがあるわけ。そしたら、ポロっとね、「いや、実は本当は僕はね、フォーク・ソングみたいなのつくっちゃうんだ」って言うわけ。これが本当かもしれないっていう。だからそれはそうだけど、なんで中国っぽくするとかっこよく見えて、完全な演歌みたいなのかっこ悪いってわかんないね、って話を昔にしたことがあるんだけれども、いまだに僕わかんない。なんででしょうね。

――純邦楽や民謡に行ってしまえば、それほどかっこ悪くないという気がしますが。

でも、かっこ悪いよね。なんか変なのに「よー、ポン」って入ってかっこ悪いでしょ。ところが胡弓かなんかヒューって弾くとかね、中国のなんかが入ってると、これはいいんじゃないのって思っちゃうじゃない。三味線入れたらかっこ悪いでしょ、やっぱり。

――三味線の入れ方によると思いますよ。

入れ方じゃないって。三味線が入っちゃうと、もはや終わりですよ。ところが、他の中国の楽器だと許せるみたいなね。日本でもせいぜい、平気なのは尺八。僕もちょっといじくって使うけれども、あれはぼけるから意外とあまり恥ずかしくならないんだけれど、他の日本ものが入ると、なかなか難しいっていうか。

だけど、この間、ちょっと違う体験で、大森一樹が撮ったヤクザ映画『継承盆』のサウンドトラックをやって、どうしても完全なる邦楽っていうのをつくんなきゃならなくて、僕初めてだからいろいろ聴いたりして、やってるうちにのめり込んでしまったというか、本当に入っちゃう部分があるんだね。全部取りはらってしまうと。

でも、そこまではちょっと行けないっていうか、自分の音楽としてはね。

――それは、本当に大きなテーマですね。

それは永遠の問題として僕に内在してるわけ。

團伊玖磨さん（4・40）を批判するっていうんじゃないんだけど、「夕鶴」は、日本で最高に評価されてるんじゃなくて、最高に上演回数が多いオペラ。今までに五百何十回も上演されてるわけ。ある日、観に行ったの、本当に團先生が指揮する公演。それはもはや赤くなっちゃうようなオペラなんだよね、感じが。台詞も「お腹が空いたべー」とかなんとか言っちゃって、すごいものなんだけども、それは彼が二〇何歳かの時に書いてる。それはちょっと違うなと思って。

オペラを書くというんじゃないんだけれども、そういう日本のものをどう処理するか。違う種類のジャンルのものを研究してるんだけど。やっぱり、黛（敏郎）さん（4・41）はすごい。彼の作品は最高にすごい。雅楽とかやってても、現代音楽もちゃんと踏まえてるし。親しくさせては頂いたんだけど、なんでも聞いてくださいって教えてくれるんだけど、非常に解決しちゃってる人なのね。

そこのへんを。

日本・韓国・中国の音楽に対する見方も興味深かったが、これまでに聴いてきた加藤和彦の音楽から感じるものを突き詰めていくと、やはり「日本の音楽」というテーマに突き当たらざるを得ないのだと思う。それは、決して理詰めで考えながら音楽をつくらなければならないということではなく、普段、感覚的に行っていることのなかに、そういう本質が自然に潜んでいるのだ、ということだ。

七〇年代前半に、やはり「日本の音楽」というテーマを考えさせてくれたロック・バンドがはっぴいえんどだった。はっぴいえんどは、当時日本ではあまり注目されていなかったアメリカのウエストコースト・サウンドを積極的に取り入れながら、当時の東京に生きる若者が抱いていた時代の感覚を独自の詩情を持った日本語詞で描いていった。はっぴいえんどは、ロックを欧米のかっこいい音楽として捉えてそれを模倣するのではなく、ロックをこの時代の日本で生きている自分たちの音楽にするというコンセプトで作品をつくりあげていった。

クリエイティブでコンテンポラリーな日本のロックをつくるというはっぴいえんどの姿勢は、音楽スタイルは違っていても、サディスティック・ミカ・バンドとも共通している。だからこそ、同じ時代に活動していたふたつのバンドは、お互いに一目置きあっていた。

はっぴいえんどが主題としていたのは、東京の戦後世代が抱く〈喪失感〉だった。彼らは、多感な思春期に東京オリンピックを体験していた。東京オリンピックは戦後復興した日本が高度成長に向かうジャンピングボードであるとともに、日本人が自信を回復したことを世界に宣言する祭典だった。

しかし、東京の子供たちのなかには、ある日突然、遊び場だった空き地が広い道路になったり、自分の家や友達の家が取り壊されるなど、身の回りの風景が一変してしまう体験をした者も少なくなかった。彼らは、東京が未来に向かって大きく変わろうとしていることにワクワクしながらも、それまでの日常にあった風景を奪い去られてしまった喪失感を同時に痛感していた。

人が成長するということは、子供の時代を喪失することでもあるというのは真理だけれど、東京オリンピックは、彼らにとって理不尽な通過儀礼でもあった。無理やりに子供時代の風景を奪われ、未知の世界に放り出された彼らの喪失感はトラウマとなるに十分なものだった。

そんな時代、そして世代の喪失感からクリエイトされていったのがはっぴいえんどの世界観だった。

それに対してサディスティック・ミカ・バンドの世界は、最初からよりドライでアナーキーな空気感を感じさせる。はっぴいえんどと同じ時代感覚を持ちながらも、東京というリアリティにこだわらずに、よりグローバルな視点からイメージを描き上げている。それは、アメリカのヒッピー・カルチャーやロンドンのグラム・ロックにも通じる虚無的な虚構のなかに、逆説的な希望を描き出そうとする姿勢だ。

はっぴいえんどが、喪失した良き時代の残像から新しいビジョンをつくり出そうとしていたのに対して、サディスティック・ミカ・バンドは、その喪失を世界的な同時代性だと捉えて、その虚無感の中からグローバルなレベルで共感できる感覚を創出しようとしていたのだと思う。

音楽表現が、エンターテインメントであると同時に、自分の表現である以上、意識的であるにせよ無意識であるにせよ、その人が持っている歴史的背景や美意識が反映していくのは当然だ。逆に言えば、その人の置かれている背景の奥深い部分、そしてその人が見ようとしている部分が、聴き手の無意識と共振していくような音楽こそが、センスのある音楽なのだと思う。その意味で、加藤和彦の音楽に感じる「違和感」は、その音楽が深い部分から送ってくるメッセージなのだ。

――やはり、加藤さんの音楽を考えると、「日本の音楽」に行き当たりますね。

ポップスとか、ポップスじゃないとか、そういう問題じゃなくて、思えば大昔から、ミカ・バンドやってる時からの問題と同じなんだよね。今、偶然にこういう機会があったから話したんだけど、日本の音楽とは何ぞやってことは、日本人とは何ぞやって話でしょ。そういうアイデンティティみたいのをやっぱり音楽というのはつくっていかないと、面白いのが出来ない。だからスティングと

かそういうの、僕好きなのは、一見日本だと単に超ポップスターになってるけれども、詩なんかも深いし、非常にそういうアイデンティティの視点がある。それをちゃんとした後にポップスにつくってる。そういうふうな本当の日本のポップスっていうのをつくりたいなと思うの、最近。

——それをザ・フォーク・クルセダーズの時に意識されていたかどうかは知りませんが、でも、繋がってますよね。

意識はしてないだろうけど、底辺のところはね。

生活感

このインタビューの時に、加藤和彦は何回か「いま、新しい日本の音楽について取り組んでいるんだ。もう少ししたらはっきり言えると思うけど」と言っていた。すでに一九八九年にスーパーオペラ『海光』を手掛けていたが、その後も一九九九年のスーパー歌舞伎『新三国志』など、三代目・市川猿之助（4・

42）との一連のコラボレーション作品を手掛けていったのも、こうした試みだったのかと、振り返って思う。

こうした加藤和彦の音楽家としての姿勢と、その作品の生活感というか生臭さのなさも、決して無関係ではないのだろうという気がしてならなかった。

――ザ・フォーク・クルセダーズからサディスティック・ミカ・バンドまでを通してみて改めて感じますが、加藤さんの作品には全然、生活感がないですね。

僕が音楽以外のことでエッセイとか書くと、生活のことしか書いてないじゃない、食べましょうとか。でも生活感がないって、よく言われるのよね。作品も生活感がない。それは当たってて、生活感があるものって僕、嫌いなわけよ。実際に生活してるんだから、そんな実際の生活こんなところで……。

音楽少年がそのまま大きくなったって感じの部分でしょ、基本は。結果として、成功して、レコードが売れて、印税が入って、お金が儲かるという図式があるとするよね。それが目的ではなくて、やってる時っていうのは何も考えてないんだよね。損か得かは絶対に。そこがアーティストであるか、ないか、大きな分かれ目であると思うんだよね。もちろんアーティストっていうのは僕は絶対、贅沢をすべきだと思っているのね。贅沢っていう言葉は違うんだけど、銀座に行って飲んでるとか。そういう贅沢じゃなくて、自分の精神的肥やしになるような贅沢をしないと、アーティストにはなれないし、アーティストはその権利と義務があると思うのね。

そういう意味でのファイナンシャルというかお金がいると思うのよ。僕はそういうのに全部使っちゃうタイプなんだけども、そこで打算的に、こうやったら売れるかな、とか言って変なものつくるって意味じゃないんだけど、制作過程、それはプロデューシングの問題だから、それは別ね。アーティスティック・マインドとして、全部のめってしまってつくるって、やっぱりアーティストでしょ、そういう人って案外少ないっていうか、特に現代、少ないじゃない。

——ある意味での音楽に対する邪心のなさが、いわゆる生活臭さというか下世話さを消しているということですね。

音楽にしろ、絵を描いてる人にしても、何か結果を考えるじゃない。結果を考えないでつくった方が、良いもので認められるっていうのは理想的な形。現代においてはなかなか認められにくくて、まず、よくある言葉では、僕も使うけども「まずちょっとスポンサー探しましょう」っていっていう話になる。

これはしょうがないけれども、基本的には自分は自分で、つくったものが売れるというのがベーシックであって、ベーシックを踏まえたうえで、現代の仕組みと考えでやる。それはプロデューサー側になるとそういう立場になるけど、それはわかってるつもりなんだけど、のめっちゃう人たちってなかなか少ない。それが僕の友達なんてのは、みんな全部のめるタイプ、究極的には。そういう人たちは理屈抜きに好きだな。

――加藤さんは、あまりにも早すぎるっていうのがあるのかなと思います。すべてのことに対して、後から他の人たちが追従してくるみたいな。でも、その頃には加藤さんは、もう別のところに意識がいってしまってる。だから、自分でやられたことにこだわりがないというか、どうでもいいって言われる。でも、加藤さんがやられてきたことって、有効だったのだと思いますよ。成功裏に終わっているのだと。

成功裏かなあ。

でも、シリアスだったけどね、後半。一日持ち出し幾らの世界（笑）になってから、みんな持ち出しじゃまずいでしょっていう。ギンガムの持ち出しと、みんなが一日一人五〇〇〇円マイナス、みたいな話だから、みんなお金をもらってないけど、よくやっていたという。

僕もいろいろ闘ってきましたから、レコード会社とは。今から聞くと馬鹿みたいなことを山ほど。まあ、東芝は本当によく聞いてくれたよね、そういうあほらしいことを。

あほらしいと言えば、ミカバンドの時、服部（良一）さん（4・43）の曲をやろうと思ったのよ。「銀座カンカン娘」とか山ほどあるでしょ。やりたい曲を挙げたら全部コロムビアなの。一応オファーしたら当然ノーだよね。「じゃ、東芝でいちばん古いのは何？」って調べてもらったら「月の法善寺横丁」（4・44）（笑）。こりゃダメだ、っていう。それでポシャっちゃったけど、あの時に全部服部先生アルバムみたいなのをつくる企画はあったんだけどね。

――村井邦彦さん（4・45）が雪村いづみさん（4・46）とキャラメル・ママ（4・47）で服部良一さんの曲をレコーディングした『スーパー・ジェネレーション』をつくれたのも、コロムビアから出したからですからね。

コロムビアならいいっていう話でしょ。それと法外なる印税になるわけよ。まあ、著作権協会に預けていないからね。

5 再びソロ活動へ

『それから先のことは』

サディスティック・ミカ・バンド解散後、加藤和彦は一九七九年の『パパ・ヘミングウェイ』から『うたかたのオペラ』『ベル・エキセントリック』へと続く、いわゆる「ヨーロッパ三部作」でスポットを浴びることになる。ここで彼が打ち出したハイクオリティでセンスにあふれたコンセプチュアルな作品は、大きな転換期を迎えていた日本の音楽シーンのなかで、新しい大人のポップ・ミュージックの方向性を示すアイコン的作品として高く評価された。

僕も、これらの刺激的でインテリジェンスあふれる作品群は大好きで、よく聴いていた。しかし、この三部作に至るソロ・アーティストとしての加藤和彦の足跡は、正直に言えばあまり印象に残っていなかった。サディスティック・ミカ・バンド解散後、作詞家の安井かずみ（5・1）と出会って結婚。ふたりが、プライベートでも創作面でもパートナーとして活動していたことは知っていた。しかしその時期の彼は、どちらかと言えば時代の最前線からは一歩引いたポジションにいるという印象が強かった。

だから、インタビュー前に改めてサディスティック・ミカ・バンド解散後初のソロ・アルバム『それから先のことは』をリリースしたのは一九七六年だったことを確認して、その空白期間が意外に短かったことに驚いたり、三部作に至る作品群の新鮮な魅力を再発見して、ちょっと得をしたような、申し訳ないような気分になったりしていた。

――サディスティック・ミカ・バンド解散後の動きを伺えますか？

ミカ・バンドのイギリス公演から帰ってきた後に安井と出会って、一年なにも仕事をしてなくて、わたしはそれで財産をなくしました。仕事を全然していない。なにをしたっていうんじゃなくて、まあ、旅行をしたり。僕、二七歳。もちろんミカ・バンドで全部使っちゃったし、全然金もなかったから、安井のところにころがりこんじゃった。

いっさいなにもしてなかったわけね、二人とも。僕なんか、お金なくなっちゃったから。しょうがないから、衝動買いしてたマンションを売ったりなんかして。それでまだ食べてて。ふと気がついて、一年もなにもしてないと秋というか、その頃はまだ結婚してなくて一緒に住んでたくらいかな。恋愛の恋（れん）のうちですね。秋くらいになってくると、一年くらいで持たなくなってくるからね。なんかしたくなるんですよ。よく考えたら作詞家と作曲家じゃないっていう話になって、アルバムをつくろうということになった。

――それが『それから先のことは』ですね。

どうしてもマッスル・ショールズ（5・2）でレコーディングやりたくて。ポール・サイモン（5・3）が好きっていうんじゃなくて、『ひとりごと』とかのリズム・セクションが好きだから。あれがなんとか出せないものか。それまでいろいろトライしてたわけ。ミカ・バンドとしても個人的にも、山ほど。でも、絶対ならなかったわけよ、あの南部の独特の感じに。じゃ行くしかないな、って行って。いまだにあそこのエンジニアとか全部、友達だけどね。当時、海外録音は初めてじゃないけど、アメリカはそれが初めてなんじゃないかな。それまでロンドンばっかりだもん。

――マッスル・ショールズはどうでしたか？

いきなりアラバマの片田舎。「ホテルが二つあるけど、どっちにする？　ホリディ・インとハワード・ジョンソンがある。エルトン・ジョン（5・4）がホリデイ・インに泊まって、ミック・ジャガー（5・5）がハワード・ジョンソンに泊まった」「ホリディ・インのほうが有名だから、ホリディ・インでいいや」、アメリカのそんな所は初めてだったから。人口だって三〇〇〇人か四〇〇〇人。ローリング・ストーンズの『スティッキー・フィンガーズ』もあそこで録音してるのね、実は。街の人も知ってるわけ。だけど、街の人にとっては、ミック・ジャガーが来るよりも、東洋からすごいアーティストが来たってほうが有名でさ。レストランも三軒くらいしかないんだけど、行ったらもう大変。日本で言うところのステーキハウス、パブ兼ステーキハウスで、サインなんかあるわけ、ミック・ジャガーとか。僕にも書いてくれって。おばさん、貼るとこないから、ミック・ジャガーなんて剥がしちゃって僕のを貼ってる（笑）。価値観がすごい。

――なかなか別世界ですね。

そんな所だから、リズム・セクションのみんなも若い時から知ってるわけよ。だから「あなたたちも出世したもんだね。こうやって外国から来るんだから」。そういうノリなのよ。良い人たちばかりなわけ。そこで延々レコーディングして。

しかもそこがお酒を売っちゃいけない地域なのね。アラバマ州のそこのカウンティだけは、飲んでもいいけど売買は禁止なの。だから一応、酒はないんだ。売れないから。でも、金曜日になるとビールのプッシャー（売人）が来るの。ドラムのロジャー・ホーキンスとか、キーボードのバリー・ベケットとか、いちばんえらいんだけど、「今日はね、ビール来るんだよ」（笑）。ビールくらいでこそこそ言うな。完全、ご禁制品のノリで。そしたら本当に、ストローのテンガロンハットをかぶって、バンでガーッと来て、こそっとビールを売りに来る。三〇キロくらい行くとテネシー州だから、そっちでは買えるわけ。「ああ、ありがたいビール様」みたいな感じ。

そこでリズム・セクションを録って、マイアミに行って弦を入れて、それからロスに戻ってミックスしたのかな。それが『それから先のことは』。

――『それから先のことは』は事前にテーマは設定していたんですか？

『それから先のことは』は、完全に私小説なんだよね。まるでなんにも考えなくて、彼女が勝手に詞を書き、僕はプライベートな曲をつくって、アレンジもなにもしない。どうせヘッドアレンジだから、バリー・ベケットに任せて僕はぶちぶち言ってるだけっていう。曲もそうだけど、非常にプライベート。今まで、プライベート・アルバムって、それ一枚しかつくったことないのよ、完全にいわゆる私小説的アルバム。方法論も、わからなくて。

『ガーディニア』

あえて言えば、『それから先のことは』は、サディスティック・ミカ・バンドで構築した世界を一度リセットして、加藤和彦が素の自分を見つめ直そうとするアルバムということになるだろうか。どこか、ファースト・ソロ・アルバム『僕のそばにおいでよ』に近い空気感も感じられる。しかし、これは自分の原点を確認するとか、自分探しのアルバムというほどにストイックな作品ではない。

むしろ、これは次のステップのスタートと言えるアルバムだ。公私ともにパートナーとなった安井かずみとのソングライティングの呼吸を合わせるとともに、ジミー・ジョンソン（ギター）、バリー・ベケット（キーボード）、デヴィッド・フッド（ベース）、ロジャー・ホーキンス（ドラムス）というマッスル・ショールズの手練れたちにサウンドづくりを任せて、次のソロ活動に向けたアイドリング的意味合いのある作品。しかし、だからこそ他のテーマ性の強いアルバム群とは一味違う軽やかな魅力がある。

『それから先のことは』に続くアルバム『ガーディニア』は、一九七〇年代から八〇年代へと向かう時代感覚の一角を切り取った作品だった。ボサ・ノヴァを主体としながらも、そのポップ・アヴァンギャルド的本質は生かしつつ、ハイセンスな日常の空気感でコーティングしていくサウンドは、理屈抜きの快適さをたたえていた。そして、坂本龍一（キーボード）（5・6）、高橋幸宏（ドラムス）、鈴木茂（ギター）（5・7）、後藤次利（ベース）というリズム・セクションを中心としたミュージシャン・セレクトも目配りの利いた見事なものだった。

『ガーディニア』は、サディスティック・ミカ・バンドで展開して見せた、次の時代に向けて疾走していく突出感の本質は残したまま、マイルドにコーティングされたというか、大人のしなやかさのなかに時代感覚を潜ませた作品だ。

この作品によって、加藤和彦は次のテーマのイメージを固めることができたのではないか？　そんな感想を、あえてそのまま本人にぶつけてみた。

――『ガーディニア』あたりで、次の加藤さんのイメージが出てきているような気がしますね。

ボサ・ノヴァ好きだったんだけど、でもブラジルへ行こうとは思わなかった。行けば行けたんだけど。本当のサンバとかブラジルをやるんじゃないし、やっても本物にはかなわないって頭からあったから。

でもコピーはしたくない。日本でやりたいっていうんで、「教授（坂本龍一）、ちょっと（アントニオ・カルロス・）ジョビン（5・8）の研究してよ」「う、う、うん、なんか違うメロディーやっとけばいいんでしょ」。でも必死に協力してくれて、研究して、全部日本でやった。

だからあれは変わったメンツが入っているんだよね。渡辺香津美（5・9）とか、カクトウギ・セッション（5・10）がズルっと来て、それが無理やりボサ・ノヴァやらされたっていう。幸宏なんか七分くらい、ハット踏んでるだけっていう曲があるんだよ、チッ、チッ、チッて。「トノバン、足痛いんだけど（笑）」「なんで七分やるの」「長いのがいいんだよ、長いのが」とかわけのわからない話をして。「足つっちゃうんだけど」。

――フィル・スペクター（5・11）みたいですね。

近いかもしれない（笑）。ソロなんかも多いわけじゃない、トランペットとか。だから、向井滋春さん（5・12）とか来て、ボサ・ノヴァのソロって長いから、みんな悩んじゃうんだよね。普段はせいぜい八小節とかそのくらいだから。ちゃんとした曲だから全部やってって言うと、やっても出来ないというか、「こういうの久しぶりだよな。ちょっと考えさせて」と言って、稲垣次郎さん（5・13）とか普通のソロやるのに四時間くらいシリアスに考えて、渡辺香津美もずいぶん考えてたな。「こんなの無いや」って。その頃、ボサ・ノヴァなんて誰もやってなかった。好きな人は好きなんだけどね。

――タイトル曲の「ガーディニア」好きなんですよ。

あれはケメが、（笠井）紀美子ちゃん（5・14）が頑張ってやってくれた。「ガーディニア」は完全もう、サンバとつきあってた時代で、「これをやってみて」「やっぱりダメだ」。でもかなり近いんだけどね。教授も（クラウス・）オガーマン（5・15）になりきってるし。二日に一回くらいはスタジオに来なかったりするんだけど、教授はすごいなと思った。アレンジっていうことより、遅れてスタジオにやって来て。弦なんかみんな待ってるから、しようがないからガーッて書いて、一曲やってて。その間、自分はピアノ弾いてるんだよ、ポロンと。「次、なにする」。なんか書いてるんだ、弾きながら次の曲書いてるの。なんていう奴だと思ったね。こういう頭の持ち主がいるのかなと。

――これも気持ち良いアルバムですね。

これはいろんな思い出が詰まってて。結構、僕にとっては不思議なレコードになってしまった。ジャケットに関与してる二人が死んでしまったの、エイズで。デザインがブライアン萩原君と、写真を撮ったケネス・マクワンていう二人のコンビで、いろんなのを撮ってる。ブライアンは日系三世かな、日本語はほとんど出来ない。幸宏と同じ顔をしてるんだけど(笑)。二人が友達で。このジャケットは一回僕の写真を撮って、リアレンジしてのっけて、またさらに撮ったりしてるのね。全部デザインしてくれたんだけど、一人は五年前で、一人はこないだ亡くなってしまったの。立派な人たちですよ。最初にケネス。エイズになって、家族も全員、誰も来ないわけね。ブライアンだけはセックス・ボーイフレンドだけど、誰も面倒見ないから、最後まで一緒に居た。

ちょうど日本に来てて、全然知らなかったんだけど、あるパーティーで会って、話してて、「何やってるの?」「音楽やってる」「どんなのやってるの?」「これやってる」って言ったら、「あっ、ジャケットやりたい」とか言って、「じゃ、やって」って話で、そのまま写真撮って持って帰っちゃった。原稿だけ送ってきたっていう。それ以来ずっと友達なんだけど、変わってるの。よく一緒に悪さをした。紹介してあげたの、「ブルータス」とかああいうメディアとかね。あの時代の光るものが好きだから、マイアミとかバハマとか、あっちのほうの音楽。

――そこからバハマへとつながるんですか?

いや、あんまり続かない。それは単に、完全パーソナルな話なんだけど、このアルバムにそういうことも詰まってる。表面的には書けないから、一回も言ったことはないけど。今回は特別に。だって、そういうこと話さないと面白くないじゃない。意味がね、なんでこのCDがあるのかって。ジャケットの写真のバックの白黒は、コシノジュンコさん(5・16)とこの昔のバスルームの壁だって。バスルーム、バスルームってトイレなんだよ、つまり。それとか、着ているのは(ミヤケ)イッセイ(5・17)が初めて男物出すんで、まだ市場に出してない見本品なの。

『ガーディニア』がリリースされた一九七八年は、エネルギーとパワーで押し通してきた日本のロック・シーンに成熟に向かおうとする兆しが現れ始めていた時期だった。その意味でも、加藤和彦がボサ・ノヴァを消化した作品作りを試みたのは、時代に先鞭をつけるものだった。この時期、やはりかなり深くボサ・ノヴァに傾倒していた坂本龍一をレコーディングに起用したことも、このアルバムを充実したものにする要因となったと思う。

しかし、加藤和彦は、『ガーディニア』を最後にザ・フォーク・クルセダーズでのデビュー以来在籍していた東芝EMIを離れることになる。加藤和彦は、その原因が当時の東芝EMI邦楽部のトップにいた新田和長(5・18)との軋轢だったことを語っている。加藤和彦は、このインタビューで、あえてこれまで語ってこなかったことも積極的に話してくれたが、このエピソードもそのひとつだった。

――新田さんとの軋轢というのは？

悪口は言いたくないんだけども、『ガーディニア』の時に、新田さんが、「加藤君はこんなことやってないで、やっぱり『あの素晴しい愛をもう一度』みたいなのがいちばんいいんだ」って言ったんで、「もう、あなたとはやりません」ていう話で、即、次の日に東芝をやめてしまった。次の日ってすご

いでしょ。その一言で、なんかね、こりゃダメだと思ったの。そんな強い言い方じゃないんだよ。言い方もあるじゃない。

理解してないなって思ったわけ。もう、こんな人とはやってられないって、行先も考えずにに新田さんに「やめる」「ちょっと、ちょっと、ちょっと待って。契約は」「契約なんてもういいよ」。

怒ってたのかな。なんか知らないんだけど、ちょうど折田（育造）さん（5・19）も知ってたからワーナー行ったら、もちろん「ベリー、ベリー、ウエルカム」で。急に赤じゅうたんサービスみたいな。洋楽の強みを活かしちゃって、僕のこと知ってるから、好きそうなことやるんだ。「何でも好きなこと、やれな。ちゃんとやるから」。折田さんの一言が嬉しかった。それで行っちゃった。そういうタイプ、折田さん。

――『ガーディニア』のクレジットのスペシャル・サンクスに新田和長さんの名前も入ってますね。

一応、表敬の意味でね。これは全部、僕が一人でミックスしてる。ちょうど、新田さんと僕との軋轢が激しくなって、そっち側のミキサーがあまりよくわかってなくて、ミックスしてるのをいじるといい顔しないっていう古いミキサーで、そのうち来なくなったから、勝手に僕一人でやった。

今だったら当たり前だけどね。コンピュータがない時代で、本当に一人だったから。だって誰も居なくなっちゃうんだもん、アシスタントも。一人にしといてくれって言ったんじゃなくて、居なくなっちゃうの。しょうがないから、すごいことやってたよ。もはや孤高の世界。

それで僕はミキシングを覚えたの、こっちのフェーダー上げながら、こっち下げるとか、全部出来る。それが出来るのは、日本ではあまり居ない。マニュアルじゃなくて、全部聴きながら。耳は聴いてるから見てないんだよね。それで全部覚えてるわけ。こっち上げながら、こっち下げてとか。全部別々に動く。今はコンピュータでやっちゃうからね。

そんなことをやっておった時期です。

『パパ・ヘミングウェイ』

加藤和彦と新田和長の行き違いもまた、この時代ならではのエピソードなのかなと思う。新田和長は、加藤和彦がザ・フォーク・クルセダーズで活動をしていた同じ頃、東京で、ザ・リガニーズというカレッジ・フォーク・グループの中心メンバーとして活動していたという経歴の持ち主だった。その後、東芝音楽工業に入社し、ディレクターとしてフォークやロックを中心とした新しい音楽の流れをバックアップしていった。言ってみれば加藤和彦の理解者の一人だった。

しかし、サディスティック・ミカ・バンドを経て、新たにソロ・アーティストとして展開しようとする時に、アーティストとしての加藤和彦と、レコード会社という立場にも立たざるを得ない新田和長との間に、相違が生じたのは仕方がなかったのだろう。ちなみに、二人の関係はその後修復され、二〇〇二年、加藤和彦はザ・フォーク・クルセダーズの再結成アルバム『戦争と平和』を、新田和長が主宰するドリー・ミュージックからリリースしている。

あくまでも結果論だけれど、この時のレコード会社移籍は、加藤和彦にとってさらに前に進むための後押しとなったのではないだろうか。彼は、クリエイティヴなアダルト・オリエンティッド・ポップスにトライした『ガーディニア』の成果をさらに推し進めて、大人のテイストを持ったクリエイティブなトータル・アルバムというコンセプトを具現化していった。そうした展開も、この移籍がなければ生まれなかったのかもしれない。

その第一弾となったのが、一九七九年に発表された『パパ・ヘミングウェイ』、一九二〇年代のパリで、ピカソ、ダリ、モディリアーニ、マン・レイ、スコット・フィッツジェラルド、そしてガートルード・スタインらと交流して作家となり、スペイン内乱にかかわって「誰がために鐘は鳴る」などの名を著し、その後はキューバを舞台にした「老人と海」でノーベル文学賞を受賞した世界的作家、アーネスト・ヘミングウェイ（5・20）をテーマにしたトータル・アルバムだった。

レコーディングは、すでにYMO（イエロー・マジック・オーケストラ）（5・21）として活躍を初めていた高橋幸宏、坂本龍一、そして大村憲司（5・22）、小原礼というリズムセクションを中心に、バハマのコンパス・ポイントスタジオ、そしてマイアミのクライテリア・レコーディング・スタジオで、まさにカリブの風を浴びながら行われた。

それは、ポップ・ミュージックがアートの質を持ったエンターテインメント表現であり得るかという、少なくともそれまでの日本にはなかったコンセプトの具現化だった。そして、このアルバムをきっかけに、さらにヘミングウェイがその才能を開花させた一九二〇年代のパリ、そして二〇世紀ヨーロッパの激動の時代の焦点であったベルリンをテーマにし、いわゆるヨーロッパ三部作の連作がつくられることになった。

――『パパ・ヘミングウェイ』から三部作が始まりますね。

『パパ・ヘミングウェイ』からテーマ性のあるものつくり始めた。

ヘミングウェイは元から好きだったんだけど、それをなんとか音にできないかなと思って。そう思ってつくっているうちに、偶然に「スモール・キャフェ」って曲ができて。ヘミングウェイはやっぱりパリが好きだからね。

そこから『ベル・エキセントリック』へ行って、さらにベルリンに、という、べつに三部作とは思ってなかったんだけど、勝手になっちゃった。

その頃に、たまたま折田さんが洋楽部に異動になっちゃったのかな、つまり担当が変わってしまって居心地が悪くなって。どうにもならないから、またやめます。リクルっちゃったんですよ。

——『パパ・ヘミングウェイ』のなかでも、「スモール・キャフェ」「アラウンド・ザ・ワールド」は印象的な曲ですね。

詞は僕じゃないんだけど。このジャンル、たとえば「アラウンド・ザ・ワールド」とか『ガーディニア』の「スパイシー・ガール」とかそういう一見、何の意味もない歌。なんと呼んでいいかわからないんだけど、こういうジャンル。ラヴソングとか失恋の歌とか、定型パターンがあるじゃない。それ以外のジャンルだね。

「アラウンド・ザ・ワールド」は、ダブが流行りかけの頃で、ダブ・バージョンもあるんだけどね。それで一口坂スタジオの新品のコンピュータを壊しちゃったの。それまで誰も使ってなかったんだよ。「あっ、使ってない」「どうぞ」で、いきなり壊した。僕のせいじゃないんだけど。ダブとかいろいろすごいじゃない。ワーワーやってたら、急に変になっちゃった。「あっ、かっこいいじゃない、これ」って。そのミックス、グショグショなわけ。もう、パンなんてこんなになっちゃって。で、壊れちゃったの。それが「アラウンド・ザ・ワールド」なんだけど、数千万円の損害を与えております。「スモール・キャフェ」って『パパ・ヘミングウェイ』のなかで、いちばん最後に出来た曲なんだよ。一曲目に入ってるからいちばん最初につくったみたいだけど。

——とは思いませんよ。

普通、思うんだよ、みんな(笑)。いちばん最後に入れて、これだけヨーロッパ的なのね。

――『パパ・ヘミングウェイ』みたいなテーマの取り方は、あのアルバムが初めてですか？

初めて。従来のコンセプトアルバムじゃない。この場合はヘミングウェイだけど、テーマは人じゃなくてもいいんだ。ヘミングウェイの思想ってものを音楽に置き換えたらどうなるかってことで、また違う世界をつくり出す手法に興味があって、あれをつくった。僕も安井も研究熱心だから、ヘミングウェイは僕すごい読んでるし、安井も好きだから、やる前に資料として五〇～六〇冊読んでるのね。

――三部作の他の二枚のアルバムもつくり方は同じですか？

『ベル・エキセントリック』の時は、一九二〇年代のパリでのいろんなアーティストのつながりとか云々に刺激されて、日本で手に入らない洋書まで読んじゃうから、どこに行ってもその関係の本が置いてあるわけ。

だいたい半年はその話しかしないんだ。安井と二人で異常なくらい。だから、なに食べててもその話をしてるわけ。完全にその時代の人になり切っちゃってるんだよ。「あっ、だいぶ乗り移ったな」っ

て時に、あちらはあちらで詞を書いてる。詞というより思いつく言葉かな。僕は曲をバンバンつくっちゃって渡すと、それにパッとはめてつくっていく。レコーディングの場所も当然、決まるわけじゃない。「これはフランスに違いない」と。その次に僕は当然の帰結としてベルリンに行くわけ

ヨーロッパ三部作

ボサ・ノヴァを打ち出した『ガーディニア』からの流れで見れば、『パパ・ヘミングウェイ』はカリブを中心としたトロピカル・ラテン・ミュージックを主体としたアルバムという聴き方もできるだろう。〈パパ・ヘミングウェイ〉と呼ばれた後半生のヘミングウェイはフロリダのキーウエストやキューバを拠点としていたのだから、このアルバムがカリブ・サウンドのテイストに彩られることは素直に理解できる。

同時に、カリブ以前のヘミングウェイに触れようとすれば、一九二〇年代のパリを避けるわけにはいかない。その意味でも、このアルバムの冒頭に「スモール・キャフェ」というコンチネンタル・テイストの曲が置かれているのもよくわかる。そして、このヨーロッパからカリブへと展開していくサウンドの広がりと、ていねいに推敲された詞によって、アルバムのテーマであるヘミングウェイのドラマティックな生涯のイメージを効果的にふくらませている。

もちろん、『パパ・ヘミングウェイ』は、理屈抜きにハイセンスなAORとして楽しめるアルバムだ。しかし、このアルバムをきっかけに、ヘミングウェイやその時代に興味を抱いたとしても、しっかりガイダンスとして機能するリアリティの裏付けを持っている。

そして、さらに、この『パパ・ヘミングウェイ』の「スモール・キャフェ」で示された、ヘミングウェイが才能を開花させた一九二〇年代のパリを中心にダイナミックな展開を見せていくヨーロッパに焦点を合わせていったのが『うたかたのオペラ』、そして『ベル・エキセントリック』だった。

しかし、どうしてパリをテーマとした『ベル・エキセントリック』の前に、ベルリンが舞台の『うたかたのオペラ』がリリースされたのかは、長い間の疑問だった。


――『パパ・ヘミングウェイ』の後、先にベルリン・レコーディングの『うたかたのオペラ』を出しているのは、どういう意味ですか？　『パパ・ヘミングウェイ』『ベル・エキセントリック』『うたかたのオペラ』の流れのほうが自然じゃないかと思いますけど。

それはたぶん、我々の旅行遍歴と関係があって。『パパ・ヘミングウェイ』はカリブ時代の話で、

そこからやってる最中に、ヘミングウェイはやっぱりヨーロッパ的だし、もちろんいちばん接するものっていうのが一九二〇年代のパリ。だからフランスに行きそうな気配はあったんだけれども、どっちかというと安井のほうが、フランスはやっぱりサンクチュアなところだから、うかつには触れられないと。やるからには、取り組みますわよ、っていう姿勢がないといけない。なんだかんだ話しているうちに、僕がベルリンの一九二〇年代かな、興味を持って、山ほど本を買ってきて。

でも、うちのは全然興味がわかないわけよね。うちのはドイツが嫌いで、アレルギーで。ヨーロッパ人みたいなんだけど、理由なく、どうしてもイエスって言わないわけ。

ベルリンだから、「ドイツ大嫌い」っていう。ソーセージも嫌い、みたいな感じだからさ。で、いろいろやっているうちに、「ま、いいか」みたいな話になって。

「つくりたいんだから、帰りにパリに寄ってあげるから、やろうよ」「じゃ、いいわ」そうなったらプロだから、ベルリンを徹底的に研究して。

――曲は日本で書いて行ったのですか？

ベルリンがテーマになって、詞は日本じゃ書けないから向こうに行って書きました。曲は日本でつくって行って。それからはまた波瀾万丈。ベルリン・レコーディングはＹＭＯの三人と大村憲司が行くはずだったの。でも、忘れもしない、幸宏とフランス飯屋で、明日ベルリンに行くけど、あっちはうまいものないから食べようよって食べてたの。そしたら電話で、「すみません、坂本が体調悪くて行けなくなりました。代わりに矢野（顕子）（５・23）が行きますということですが」って。

でも、「いいや、アッコちゃん来るなら」。で、アッコちゃんが本当に来てくれて、「すみません、うちの夫が」。急に不思議な組み合わせになった。だって変わってるよね。幸宏に憲司にアッコちゃんに細野さんに僕っていう。結果、すごい面白い組み合わせで良かったんだけどね。

みんな感受性がすごいから、ベルリンに行った途端に笑顔が消えちゃった。細野さんだけ喜んでいたな。細野さん、空港に着いて開口一番、空港が赤と黒で、車も幾何学的に停まってるんだよね。「あっ、構成主義（５・24）」。いきなり車見て、確かに車はそう止まってる。色もすごいの、「あっ、全部クラフトワーク（５・25）じゃない」。結構のってるわけよ。幸宏はなんか暗いのを察して、「トノバン、帰りたいよ（笑）」。アッコちゃんは「どうも、すみません」みたいな。憲司は憲司で、一人知らん顔。そんな感じだからね。だから毎日暗〜いの。写真もあったんだけど、暗い。不可解なレコーディングで、いちばん奇妙なアルバムだよ。

変でしょ。この変さがベルリンなんだよ。ハンザ・スタジオでレコーディングしてる間に安井は書いてるわけよね、ホテルで。完全になんかこんなになっちゃって、圧倒されて。だからすごいアルバムでしょ、怖い。ベルリンのテンションをうまいこと移動できたと思うんだ。

――どうして、このメンバーでベルリンに行ってやろうと思いましたか？

『パパ・ヘミングウェイ』でやった方法論はね、もうみんな巨匠になっちゃってるから、良い意味でスレちゃってテンションがないのよ。うまいから一〇〇パーセントの演奏はするけれども、僕はそんなんじゃ嫌なわけよね。間違っても、一八〇パーセントか二〇〇パーセントか知らないけど、なんか「ウッ」ていうのをやってほしいわけよ。それをつくるには、日本に居ちゃダメだっていうんで全員バハマとかマイアミに連れ出してみたら、意外と成功したの。「高級合宿」と称していたんだけどさ、みんな本当に違っちゃうんだから。僕自身もたぶん、そうかもしれないけど。

僕は比較的少ないほうだけど、みんないろいろ背負ってるわけよね、今だともっと背負ってるけど、その頃でさえ「大先生」やってるわけ。ところが、外国へ行っちゃうと普通の人になってプレイできる。この差が大きいんだよね。

だから大変なんだけどね。一緒に連れて行くことにしたけど、三回で懲りた。それで一応、三部作で終わりになってしまったんだけど、ベルリンがいちばんテンションが高かったな。アッコちゃんがいちばん活躍してくれた。みんなの盛り立て役。幸宏なんかベルリンだからよけい暗くなっちゃうのね。

――まだベルリンの壁がある頃ですものね。『うたかたのオペラ』はテンションが高いけど、すごく好きです。

そんな場所なのよ、ベルリンが。すごいベルリンの緊張感のなかでできたと思って、僕自身面白いアルバムだと思ってる。で、『うたかたのオペラ』が終わった時に、やっぱりフランスはテーマにすべきだ、取り組んでみようと。あんまり大命題だと取り組みにくいとかってあるじゃない。でも取り組んだ。教授が全快して、この前休んだからって一緒に行った。

――「50年目の旋律」なんかも、不思議なインパクトがあるんです。

「50年目の旋律」はロシアン・メロディ。ロシアものっていうのはいつかやりたいなと思ってるんだけど、まだやってない。

　これは重苦しい詞なんだけど、ロシアン・ジューイッシュ（ロシア系ユダヤ人）の話ですよね。ロシアからベルリンへ逃げざるを得なかった、っていうのがベーシックにある。詞としては出てないけど、裏にあるものは、安井が、たぶんベルリンのロシア系の人とどっかで話してて、ヒントを得たんですよね。ベルリンにいるロシア人てすごい変じゃないですか。つまり、帝政ロシアの時に、いわゆるロシアン・レボリューションで追われて逃げて、ベルリンに住んで。ユダヤ人だから、ナチの時代にはとんでもない目にあって、収容所行ったかどうかわからないけど、そういうひどい目にあって、なおかつベルリンにしか住めない。

　もう、彼らはロシアン・レボリューションから数えて、正確じゃないけど、まぁ五〇年くらいなわけね。セカンド・ジェネレーションくらいなわけだけど、なおかつベルリンにしか住めない。自分たちが生まれたのがそこだから屈折度がプリズム状態。それは底辺の話で。そういうふうなことを歌にしようじゃなくて、なんだろう、そこだけを取れば非常にポリティカルな姿勢を感じてしまうけども、そういうのもちゃんと生きていて、そういうのもひとつのベルリン。雑感というのも変だけど、形にするためにつくった。

――モスクワまでは行かなかったわけですか？

僕の場合、そういう「しりとり」じゃないのよ。ベルリンやったらモスクワで、それの二番煎じみたいなのは大嫌いだから、ガチャンと跳んじゃいたいほうだから、スパッと突如、違っちゃったでしょ。

そうだ、ベルリンから帰ってきて巻上（公二）（5・26）になんかやってもらったんだ。コラージュをつくったんで、巻上に一人で一時間くらい。「ハッ、ハッ、ハッ、フッ、フッ、フッ」ってやらせて。ベルリンの音を録ってきて、サウンドコラージュみたいなのをやったんだよね。ここになにか欲しいっていうんで、「変な奴っていったら巻上がいちばん変だな」で、呼んで、「ちょっとここ、なんでもいいから、なんかやってよ」。必死にやってた。真面目にハーハーフーフー。珍しい性格だよ、彼も。意味わからずにドラマをつくってくれた。

――巻上さんは芝居の人ですよね。

そう。だからわかるのよね。その持ってるベルリンのイメージとか。

――『パパ・ヘミングウェイ』『うたかたのオペラ』に佐藤奈々子（5・27）さんが入っていたのはどういう関係ですか？

彼女に曲を書いたんじゃないかな。その後、コロムビアで彼女のアルバム『SPY』をプロデュースしたの。本当はコーラスとか使いたいんだけど、日本のコーラスって臭いじゃない。濁っちゃう。だから基本的にあんまり使わない主義なんだけど、でも彼女はなんとなく合うと、声としてはね。それでコーラスで入ってもらった。

リアリティ

『うたかたのオペラ』や『ベル・エキセントリック』を聴いて印象的だったことのひとつが、ラテン・サウンドの処理の仕方だった。『パパ・ヘミングウェイ』を彩ったのはカリブ系ラテン・ミュージックを中心としたトロピカル・サウンドだったが、『うたかたのオペラ』や『ベル・エキセントリック』にもラテンの匂いは漂っている。しかし、それはコンチネンタル・タンゴのように、すでにヨーロッパのテイストとなっているラテン・フレーバーであり、まさに一九二〇年代ヨーロッパの空気感を表現する音になっていた。

改めて、加藤和彦のヨーロッパ三部作を俯瞰して感心するのは、深さを極めたうえで軽みをつくり出すという制作態度だ。

加藤和彦と安井かずみは、湧き出てきたテーマを徹底的に見つめ、研究し、追求し、その本質からディテールに至るまで、理屈だけでなく感性のレベルで咀嚼・消化したうえで、そのエッセンスを繊細なロマンティシズムのなかに掬い上げる。それは、選び抜いた素材を念入りに仕込み、丹精を込めて極上のコンソメスープをつくるシェフの姿勢に通じるのかもしれない。

表層的な知識やイメージをもとに漠然と作品化するのではなく、自分がその時代、その場所に居ることがリアルにイメージできるまで徹底的に調べ、研究し、自分の心身に浸み込ませる。映画のような厳密な時代考証をしたうえで、その時代、その場所に居る自分を動かしてドラマをつくり出す。つまり、徹底したノンフィクションを踏まえたうえで、そのリアリティと親和性の高いフィクショナルな世界を積み上げていった。

そうして生み出された楽曲は、一見、何の変哲もないラヴソングでも、その時代、その場所の空気をくっきりと再現している。饒舌に、その時代、その場所を解説し、知識をひけらかすのではなく、確実にその楽曲、サウンドのなかに、その時代、そして場所の空気を息づかせている。だからこそ、加藤和彦のヨーロッパ三部作は、画期的な作品になり得ていたのだ。

自らがそんな制作姿勢を貫いているからだろう。彼は、他のアーティストの作品の場合でも、とくに海外や過去の時代を実名で描いた楽曲などに、ちょっと調べればその場所、その時代には有り得ないことがわかるだろうというような誤謬や、考証のいいかげんさがあるのを嫌った。憧れを自分の作品として描く以上、その場所、その時代の人が聴いたとしても違和感のないシーン、そして空気感を表現するべきであり、物知り顔の半可通として安直な描写をするまいという美学を持っていたことが、その言葉からは伝わってきた。

――ヨーロッパ三部作は、音にしても言葉にしてもこだわりが徹底していますね。

だから、なんで三部作の二作目が『ベル・エキセントリック』でないかというのと関係してる。「よし、やるか」となると、本当に、その頃の僕らにとっては、これっぽっちでも許せなかったわけ、相反することに関しては。自分たちのミスがどっかにあるんじゃないかと。ヨーロッパの文化で育ってるわけでもないし、そのテンションが出てるんだと思う。

――そういう背景もちゃんと埋め込まれていないと、同じラヴソングにしても、単純に絵空事で終わらせるのではなく、どこかの舞台に置かれたとしたら、その舞台の背景は説明する必要はないと思いますけれど、理解はしていないといけない。

だって向こうの歌ってみんなそうだよね。後から聞くと、これこれこれでこうだっていう背景がある。エリック・クラプトン（5・28）の「ティアーズ・イン・ヘヴン」だって、背景にああいう事件があるからこそ広がるんであって、歌だけとると、なんか小品で終わっちゃうかなっていうところがあるでしょ。でも、あれはもちろん、クラプトンが言ったんだけども、それを宣伝したわけじゃないけどみんな知っていると。そういうのがあって歌があると、すごいふくらみを持つのね。日本て、あまりそういうのやらないけどね。というか動機があっさりしているというか。

――日本では、そういうものに良い意味じゃなくてこだわらないところがありますね。

こないだの三部作なんか、特にそういうこと話してたから、一曲一曲、全部それがあるから、わかるでしょ。すぐ、曲をつくる前に二カ月くらい過ぎちゃうって話だよね。だから僕がそれを音

で表している時に、安井が書いてるよね。『ベル・エキセントリック』も同じだよね、スタイル。一九二〇年代のパリのああいうケバい派手さ、タイトル負けするっていう。タイトルはすごいのばっかりあるから、「私はジャン・コクトー(5・29)を知っていた」とかね。でも、あの頃、あれ本当だったんだよね。実録。そういう日常があってね、そういうのを浮き彫りにしたかった。

ＹＭＯ

「ヨーロッパ三部作」は、そのテーマ、コンセプト、そしてその制作姿勢など、きわめて大胆な実験精神によって、日本のポップ・ミュージックの表現の可能性を切り開いた作品群だった。

そして同時に、僕が「ヨーロッパ三部作」に強く惹かれる理由として、この一連の作品が、同じ時代にやはり日本のポップ・ミュージックの可能性を切り開こうと活動していたＹＭＯとどこかで共鳴しながら、八〇年代初頭という時代の先端を並走していたと感じられるということがある。

ここでＹＭＯの解説をする気はないけれど、かつてサディスティック・ミカ・バンドのドラマーであり、加藤和彦のもっとも良き理解者の一人である高橋幸宏と、サディスティック・ミカ・バンドと同時代を並走したはっぴいえんどの細野晴臣、そして加藤和彦にとっての重要な音楽パートナーのひとりである坂本龍一の三人が結成したＹＭＯについて、加藤和彦がまったく無関心であるはずもなかった。

事実、「三部作」の助走的作品『ガーディニア』のレコーディングで、加藤和彦はＹＭＯ結成直前の高橋幸宏、坂本龍一を起用していた。そして、『パパ・ヘミングウェイ』でも高橋、坂本を中心的メンバーとして起用しているし、ベルリン・レコーディングの『うたかたのオペラ』では高橋幸宏と細野晴臣が参加。さらに坂本龍一も参加予定だった。ちなみに、このアルバムに参加している大村憲司と矢野顕子は、ＹＭＯのサポート・メンバーでもあった。そして、フランス・レコーディングの『ベル・エキセントリック』には、ＹＭＯの三人がフルで参加している。

これを見ただけで、加藤和彦とＹＭＯとの関係性の深さが窺えるし、加藤和彦のヨーロッパ三部作と前後して、ＹＭＯが『増殖』『ＢＧＭ』『テクノデリック』という転換期のアルバムをリリースしていったことを対比させても、彼らの音楽が、その表面的な手触りの違いを超えて、どこかで共振しあっていることが感じられる。

そして、この加藤和彦とＹＭＯを中心に描かれる動きをコンパスとして、一九八〇年代初頭の時代を読んでいくことが出来るだろうと思う。

――三部作の時期は、ＹＭＯともダブってますね。ちょうど同じ時期に、ＹＭＯでは出来ないことをやっているという印象ですね。

彼らは彼らとしてＹＭＯやってるわけでしょ。余計大変なわけよね。『ベル・エキセントリック』なんて、ＹＭＯ全員いる。だから彼らの発散にもなってたんだね。特に『ベル・エキセントリック』はパリ郊外のシャトーっていう隔絶された所でやったから。

シャトーとはいうもののドラキュラ城なのよね、部屋が。部屋割りしてみんなブウブウ言ってるから、好きな所に替わっていいよって。すごいのよ。一時ドラキュラごっこが流行って、幸宏がまたうまいんだ、仮装が。ご飯食べてると、変な恰好でこんなやって出てくる。

夜中の遠吠え合戦てのもある。細野さんいちばんうまいんだよ。悪いんだよ、細野さん。幸宏が怖いから、一緒に寝るって細野さんと一緒の部屋で、幸宏が寝たのを見ると、「ウォーッ（笑）」。幸宏、ガバッと起きる。「なに、なに」、意外と細野さん悪いんだよ。

それで一応、全部発散させて、その次は教授が急に「『コンバット』（5・30）に似てない？」って（笑）。コンバットごっこが始まって。コンバットごっこが歪んで、完全に日本軍になっちゃったの（笑）。みんな全部名前がついて、「坂本大尉殿」、「戦メリ」の前よ。なんだか知らないけど、教授がいちばん偉くて、坂本大尉、細野さんも大尉かな。幸宏も高橋なんとかってランクがついてて、僕なんかずっとトノバン。階級無しなんだよね。教授が一番ハジケるじゃない、ああいう時って。ピーター・バラカンなんか泣いてた。「おっ、異国の奴だな、敵性だ」とか。ハジケっ放し、みんな。「今日は敵性用語無し」。「よし、これから録音に行く」だもん。一日中やってた。どこも出かけられないから、欲求不満の極致じゃない。シェフとかみんなついてるから、聞きに来るの。「夜ご飯、なににしましょう」とか、フランス語しか喋れない。レコーディングの途中に入ってきちゃうの。真面目にやってる時に、「食事が」って。

——『ベル・エキセントリック』にエリック・サティ(5・31)の「ジュ・トゥ・ヴー」を入れたのも新鮮でしたね。

僕が思い立って、「ジュ・トゥ・ヴー」を弾くことになった。教授も「覚えてるけど……、譜面が無いと」。ちょうど、アッコちゃんがなにも無い日で、「買いに行ってくるわ、あたし」とか言ってパリに遊びに行っちゃったんだけど、ちゃんと本当の出版社から買ってきて「はい」とか渡して。「おまえ弾けよ」「あなたが弾いたほうがいいわよ」。毎食後、三日三晩、密かに練習してた。あんな緊張した

教授を見たことがない。なんか難しいんだって。譜面見ると簡単なんだけど、「難しいんだよ、これ」って言ってた。言い訳かもしれないけど。

サティなんて誰も知らなかったでしょ。いっぱい使いだしたの、あの後。それまでは、本当に真面目にやってる高橋悠治さん（5・32）とかの例はあったけど、コマーシャルで使うとか、一切ない。他人の曲を入れたのも初めて。

本当は僕が弾きたかったんだけども、指がついていかないから。だいぶ弾けるけど、ロレっちゃうんだよ。シャトーの一番上の教会の所がスタジオになってるから、鳥の声なんか入ってるんだよ。全部窓を開け放って、ピアノが置いてあって、「朝一番にやろう」って、ほかのみんなが寝てる時に、わざと選んだに違いない、見に来られるから。三テイクくらいで録れた。

このシャトー・レコーディングは、トライとしては非常に興味深いものたったが、宿泊施設としての居住性などに問題があり、参加した人たちはかなり苦労したとも聞いた。

それはさておき、「ヨーロッパ三部作」をはじめとした交流を見れば、加藤和彦とYMOがお互いにかなりのシンパシーを持っていただろうことは想像がつく。一九七〇年代初頭の日本のロック・シーンをリードしたサディスティック・ミカ・バンドとはっぴいえんどの遺伝子を受け継ぎ、日本においての音楽的、そして存在としての突出感、さらには海外への取り組みなどでサディスティック・ミカ・バンドの後継者とも言えるYMOに、加藤和彦は自分の音楽アプローチに通じる要素を見ていたのだろう。

このインタビューをしたのは、ちょうどYMOの最初の再生が話題になっていた時だった。その時点でのについての彼の意見を、あえて聞いてみたかった。

――加藤さんは、YMOには興味がありましたか?

興味というか、まあ傍観者ですね。僕流の分析でいくと、幸宏が完全にミカ・バンドの方法論を入れている。細野さんの持っている音楽性と教授のアカデミズムが、うまいことミスマッチしている。分析するとそういう見方で、好きなものもあるし、変なのもある。スネークマンショー(5・33)のほうがいろいろ関わりがあったから、YMOも参加してたスネークマンショーのアルバムに僕も変名(Dr・ケスラー)で「メケメケ」を入れてます。

やっぱり、YMOも亜種ミカ・バンド的宿命、それが時代が違うからもうちょっとソフィスティケートされてるけれど、違う三人の個性がさらに何か違うものを生み出すっていうパターン。そういうグループって好きなんだよね。ミカ・バンドもそうだし。ジェネシス(5・34)もそういう感じ。一

丸となってグループで「やろうぜ！」みたいなのじゃなくて、違う人が集まって、お互いを認めつつ音をつくるって、意外と日本は少ないじゃない。喧嘩しちゃうでしょ。大人じゃないから。

日本人てやっぱり個が確立されてないから、個を認められないのね。集団で何かするっていう。他のグループを見ても、「一緒にやれば怖くない」で、一緒に演奏すれば怖くないっていう。五人いたら五人全部違うもので、それぞれ認めたうえでなにかさらに違うものをつくる、そこに面白さがある。そういうグループがいっぱいあるといいんだけど、ないんだね。サディスティック・ミカ・バンドとYMOだけでしょう。

――分析された通り、幸宏さんはサディスティック・ミカ・バンドの方法論を持ち込んでると思います。

幸宏はプロデューサーなのよ、ある種の。YMOはボディがうまいこと出来てるのよね。きっちり。なかなか、そううまい組み合わせはできないよね。僕らの場合もそうだけど、うまいことはまったというか。

――幸宏さんを見ていると、サディスティック・ミカ・バンドのコンセプトを把握している人なんだなと思います。

幸宏は僕を助けてくれたし、僕も幸宏を助けたし。そういう部分があって、それにいろいろ艶やかな人たちが派手なことをしてくれたってのがミカ・バンドでしょ。それをもうちょっと現代的テクノロジーでやってみると、オリジナル時代のYMOになるでしょ。ジェネラルに音楽と音楽を語る時に、いろんなグループがいるし、人もいるけども、自慢じゃなくて、イノヴェーティブな部分を背負ってるという意味で、ミカ・バンドとYMOと、ほとんど二つしか居ないっていうのが、非常に寂しいよね。

――YMOの再結成についてはどう思いますか？

良いことだと思うよ。あんまり有名じゃないものがリユニオンやっても、こんなもの見たくもない、ってあるじゃない。そうじゃなくて、第一線バリバリの人たちがリユニオンするってことには意味がある。

そのことによって音楽以外の人が興味を持ったりとか、活気づけば良いと思ってるんだけど。音楽の世界って元気ないじゃない。音楽自体は元気があるけども、他から比べると。音楽がいちばんかっこいいカルチャーになってはいないよね。ということは、そういう人が居ないってことでしょ。そういう人が居なきゃいけないんだよね。

だから僕もいろいろやってはいるんですが、なかなか音楽の復権が。ひとつお願いしますよ、と言って逃げたりして（笑）。

――こんなに裏のストーリーがあるレコーディングってありそうでないですよね。

普段、くだらないことで遊んでるけどね。みんなある種、あまりインテレクチュアルではないけれど、あの三枚っていうのは、僕だけじゃなくて、みんなもそれぞれ、すごいいろいろ思い出を持ってるんじゃないかな。ちょうどみんなの転機でもあるし、全然ＹＭＯとも違うことをやってるわけじゃない？

とりあえず不思議な空間を共有しあったと。それはレコードに閉じ込められていれば、それはひとつの作品だと思うんだよね。

――改めてヨーロッパ三部作を振り返ると面白いですね。

あのなかでいちばん枚数的に売れたのは『パパ・ヘミングウェイ』なんだよね。評価が高いのが『ベル・エキセントリック』。あの三作はいまだにどうやってつくったかわからないという。それぞれ、どうやってつくったかわかんないんだ。その時の気持ちになれないから。

――加藤さんのなかで、とくに可愛い曲ってありますか？

それは難しい。好き嫌いではなかなか言えないけれど、『ベル・エキセントリック』はある種変な、悪い意味じゃなくて、興奮状態がずっと持続したままつくってたから、あれはなんか、もう出来ないかなって。

――三部作と言われるだけあって、向かっているベクトルはひとつ、ありますよね。

なんだかわかんないんだけれども、いまだに一種のエネルギーは持ってるね、あれ。くたびれた

けど。完全なるヨーロッパとの対決だったわけよね。安井と僕の二人にとってみると。生半可なことで、ヨーロッパを使うのは、つくり手のエゴの問題だけども、喋れるからって勝手にフランス語入れていいかって話じゃないじゃない。僕は喋れないから、英語でもいいけど、一〇回フランスに行ったことがあるからといったって、フランスがどうのこうのって問題でもないでしょ。

アートワーク

ヨーロッパ三部作のアルバム・ジャケットについてひとつ疑問があった。黄色と青を大胆に使った『パパ・ヘミングウェイ』も、歯車を構成主義的に描いた『うたかたのオペラ』のジャケットもインパクト十分であると同時に、その内容をよく表現していたと思う。そして、金子國義（5・35）の絵がその世界を表現していた『ベル・エキセントリック』とともに、三部作はそれぞれのビジュアルでも大胆に個性を主張していた。

しかし、一九八九年にこの三部作がCDで再発された時に、『パパ・ヘミングウェイ』と『うたかたのオペラ』のジャケットが、共に金子國義のイラストレーションに替えられた。その理由が知りたかった。

（さらに、その後の再発売では元のジャケット・デザインに戻されている）

――『パパ・ヘミングウェイ』と『うたかたのオペラ』のジャケットは、途中でデザインが替わってますよね。替えたのはどうしてですか？

ひとつには他のアルバムと統一性を図る。あとは、前のデザインはLPだからインパクトあるんで、CDになってもどうしようもない。最初の歯車ジャケットのやつ。四種類あるんだけど、裏面入れると八種類になるわけ。全部をつなげると、無限大につながるんだよね。デザインは奥村君がやった。あそこの男の子が、「僕、歯車、全部描いたんですよ」って、いまだに会うと言う。全部つなげろって言ったの、僕。それで、どこかで全部つなげて、ディスプレイはしたんだ。延々つながるの、（マウリッツ・）エッシャー（5・36）的に。

単に「それがどうした」っていう話なんだけど、権威主義にとっては大切なことであって。コンセプチュアルで、また、乗ってくれる人がいるからね。たわごとに。

でも、昔の、戦前のいろんなジャンルのアーティストいるじゃない。誰でもいいんだけど。見てるとみんな勝手にやってる。動機ってそんなもんなんだよね。そのコンセプトはやっぱり発掘したりしてて、それが明快であるから世に残っているんで、確かにジャケット全部つながったからどうということはないんだけど、なんか、そこらへんのエネルギーが大切なんではないかと。燃えるものがあるというだけでも。

——『ベル・エキセントリック』のアートワークもすごいですね。

あれも大変だった、会社を説得するのが。すぐ逃げるんだよね、みんな。ワーナーも「ちょっと商品管理のほうと話してくれる？」とか言って。でも、やってくれたことに関しては感謝してる。面倒くさいもんね、いちいちアーティストのエゴ全部聞いてたら。

——加藤さんは表現は柔和だけど、聞かざるを得ないような。

最近ダメ、外圧に弱い。目標、好々爺。単なる思いつきでは言わないけどね。それじゃ、あんまりだからね。『ベル・エキセントリック』も揉めたんだよね、裏面の金色で。「特色（5・37）は構わないんだけど、金は勘弁してください」。値段が高いから。「構わないけど、金に見える色あります？」「そうですよね」って。その頃のデザインは渡邊かをるさん（5・38）なんだけど、特色の金が高いって百も知ってるんだけどさ、使う。知ってて悪さをする。かをるさん、色校正に自分も行ってくれて、「僕のとこデザイン料もなにもいりませんから、これやってください」と言って、「そんなわけにいかないでしょう」って話になるじゃない。「あ、そうですか」ってしっかり取っていくわけ。そういう人がこっちに居ればいいんだけどね。知ってて言ってる。職人芸が多くて大変なんだ、みんな。くたびれちゃう。別に問題を起こすつもりはないいんだけど。アーティスティックを貫くって大変ですよ（笑）。べつに貫いているわけじゃないいんだけど。

カメリア・レコード

ちょっと余談になるかもしれないが、ちょうど「ヨーロッパ三部作」を制作していた時期、加藤和彦はカメリア・レコードというレーベルを内田裕也らと立ち上げている。

一九七五年に、小室等、吉田拓郎、井上陽水、泉谷しげるが設立したフォーライフ・レコードが、フォークと呼ばれる音楽の流れを、ミュージシャンがイニシアティブをとって推し進めていくことを目論んでいたように、この頃には音楽の新しい動きを印象付けようという狙いを持ったいくつもの新しいレーベルが名乗りをあげていた。この前後にも、サザンオールスターズらが所属するインビテーション（ビクター 七八年発足）や、山下達郎らのエアー（RVC 七九年発足）などが登場している。

こうした時期に名乗りを上げたカメリア・レコードについては、加藤和彦と内田裕也という顔合わせのユニークさにも興味があったし、このレーベルがなにを目指していたのかを出来れば知りたいと思っていた。

このインタビューでも、すでに麻布十番温泉での内田裕也とのエピソードを聞いていたが、実は加藤和彦と内田裕也の関係はそれよりも以前に始まっている。記録によると、一九七三年一月、ロックンロール振興会という団体が発足し、内田裕也、加藤和彦、ミッキー・カーティス（5・39）らがプロデューサーに就任している。僕自身も、ロックンロール振興会としてのイベントが開催されていたのを覚えている。まずは、その実態について聞いてみた。

――ロックンロール振興会は、内田裕也さんと加藤さんがやったということになってましたね。

ロックンロール振興会、なんだっけそれ。名前は覚えているけど、ノーコメントだね、何も出て

こないな。

裕也さんとの関わりといえばカメリア・レコードですよ。だってメンバー、すごいもん。裕也さんでしょ。あと永島達司（5・40）さん、周防郁雄（5・41）さん、それに中井國二（5・42）ってナベプロの生え抜きで、タイガースを全部やっていた人。もう独立していたんだけど、切れる人なの。それと僕の五人で、全方位外交みたいな。なんでこの顔ぶれなのかわからないんだけど、コアは裕也さんなんだよね。いろんなとこにオーラを持ってるでしょ、これだけ揃ってれば。

裕也さんは自分のレーベルをつくってロックンロールしたい。周防さんは新しい動きに参加したい。永島さんは裕也さんに誘われて、僕が居るから変なことにならないだろうという保険付きみたいな。中井さんは実務で動いて、あと牧村（憲一）（5・43）が実務やってた。それでポリドールでレーベルをやることになって、いきなりホテルオークラのいちばんでかいところ借りてレーベル発表パーティー。

でも、一応BORO（5・44）がヒットしたから、ポリドールとしてはトントン位なんじゃないかな。その前にEX（5・45）というのつくっちゃっていたわけ。奈良（敏博）君とか梅林（茂）のグループ。僕が全部つくり直して、出した。EX自体はインパクトあったんだけど売れなかった。結局、カメリア・レコードは空中分解。カメリア・レコードについては、あまり触れたくないというか、心苦しいものがある。

「やっぱりレーベルいるな」と裕也さんが言って、「横尾（忠則）さん（5・46）知ってるんだろ」「知ってる」「行こう」、いきなり行って横尾さん、わけがわかんないのにさ、「レーベル・デザイン、今してください」「うーん、今っていったって、出来へんよ、それは」関西弁でしょ、横尾さん。「字だけでいいんとちゃう」とか言って、墨で英語で書いて。裕也さんは「ああ、これ行こう」。ほとんどそのノリ、言ってみればビートルズのアップルレコードでしたね。

――内田裕也さんと出会ったのはどこですか？

どこだろう。（日比谷）野音関係じゃないかな、たぶん。

――裕也さんは、はっぴいえんどに対抗意識を持ってられましたよね。

うん、だって聞くもん、僕に。「おまえ、どっちなんだ」。野音なんかでも一緒に出たことあるけど、やっぱり、はっぴいえんどが出れば人が入るじゃない。裕也さんてアンビバレンツだから、商業的なことも考えるし、イデオロギーとかもあるわけよ、「おまえどっちなんだ」「どっちって、どっちですか」「いやまあ、そういう、あるだろ」(笑)「いやまあ、ロックならいいんじゃないですか」「ああ、ロックか」。

つまり俺はわからないという意味なんだけど、通訳しちゃったら簡単なんだけど、そのまま聞いてると言語不明。

——でも、毎年ニューイヤー・ロック・コンサートでも頑張られてますね。

パルコ(劇場)、つきあって二回出たなあ。「出ろよ、おまえ」「嫌だよ、夜中でしょ」。

裕也さん、今はちょっと音楽から離れちゃったからね。あれで、自分で歌をつくってアコースティックだったら日本のルー・リード行けたんだけどね。屈折した部分が、真面目に今つくったら面白いと思うけどね。映画で苦労してるから、意外とわかってるところあるのよね、本当に。真面目につくると、今のご時世に合うかもしれない。すごいだろうね。エネルギーがあるからね。そこがロッカーというか、不思議なものがある。

「ロックに譜面は要らない」は言ったっけ？　裕也さんが野音でやると、最後は「ジョニー・B・グッ

ド」だから決まってるわけ。「譜面は？」って言ったら、「バカヤロー、ロックに譜面はいらねえ」。これが有名でね。それ以来、年中言ってる。なんか書いてる時に「譜面」というと、「バカヤロー、ロックに譜面はいらねえ」。僕らしかわかんない。名言でしょ、これ。

一九七九年八月にリリースしたＢＯＲＯの「大阪で生まれた女」は大ヒットとなったが、他にヒットといえる作品を発表できないまま、カメリア・レコードは二年足らずでその幕を閉じている。しかし、当時の音楽業界を構成していたさまざまな潮流が、なんらかの可能性を求めて、一瞬とはいえ手を結ぼうとする動きがあった。そのことは記憶の片隅に留めておいてもいいだろう。

三部作以降

『パパ・ヘミングウェイ』『うたかたのオペラ』『ベル・エキセントリック』と立て続けに力作をリリースし、一九八〇年代初頭の日本のシーンをリードした加藤和彦だったが、ヨーロッパ三部作発表後、彼を受け入れた折田育三の部署が替わってしまったことにより、ワーナーを離れる。そして、約二年のブランクを経て、一九八三年九月一日にCBSソニーからアルバム『あの頃、マリー・ローランサン』を発表する。

『あの頃、マリー・ローランサン』は高中正義、矢野顕子、ウィリー・ウイークス（5・47）、高橋幸宏、清水信之（5・45）らが参加して東京でレコーディングされている。

——ヨーロッパ三部作を発表した後、ワーナーを離れましたね。

ワーナーをやめて、まだ新田さんがやってたから東芝にも帰りたくないなー。そしたら急に白川（隆三）さん（5・49）が出てきて、CBSになっちゃった。そういう意味では恵まれてるんだけど、意外と不幸なんですよ。シラジイ（白川隆三）で二枚つくったんだけど、そこでまた彼が違うセクションになっちゃって、ソニーは異動が激しいから。シラジイを頼ってたんで、ソニーが好きなわけじゃないから、またやめて。

そしたら、新田さんが独立してファンハウスつくって、石坂（敬一）さん（5・50）が完全に東芝EMIを仕切るようになってたから、また「ベリー、ベリー、ウェルカム」で、こりゃいいやって古巣に落ち着いた。メジャーツアーの間も、レーベルからおいしい話があったんだけど。でも、あんまりいないよね。東芝、ワーナー、CBSっていう御三家だけを渡り歩くっていうのは。

――ソニーでリリースした『あの頃、マリー・ローランサン』と『ヴェネツィア』は、加藤さんのなかでどういう位置づけですか？

僕の移籍というのは、印税事情とかそういうの全然なくて、向こうのお家の事情が多いんだよね。東芝やめたのは完全、新田さん問題で、ワーナーに行ったのは折田さんが洋楽だったのが邦楽やるようになって、嫁入り先としてはいちばんわかってくれてるから。でも、三枚つくった時に、彼がまた洋楽に戻っちゃって誰もわかってくれる人がいない。じゃ、やめましょうか、離婚しましょうかに近いんだよね、いつも。で、CBSも白川さんが違うところ行っちゃったから、早々と退散しまして。ほとんど向こうの事情によるところが多い。

――三部作の後は、何をしようと？

あそこでAORやってみたかったんだよね、僕にとっての。『あの頃、マリー・ローランサン』ってのは、いちばん何も加工してないアルバムだから。サウンド的にも、あまりテクニカルじゃなく、いきなりわざと、その頃まだデジタルないから、二四チャン使わないで、一六チャンのレコーダー。そのほうが一チャンネルあたりのテープ幅が広いから、音が違うんだよね。いろんなもの全部いきなりぶっ込んじゃうっていう手法をとって、全員ナマで、みんな連帯責任で、一人間違うと全員やりなおさなきゃならないっていう状態で、完全ナマで録音して。

歌も生音に近い。ていうか、仮歌のつもりで歌ってるんだけども、後でそれを越えられなかったっていう。アッコちゃん、途中でよく泣いてた。「わっ、カワイソ。この歌は」とかなんとか。可哀そうな歌多いんだよね。一回やって「違う」、またやって「違う」って言って、「もう一回」「はーい」とか言って、可愛い頃でしたよ。（笑）

――歌詞も少しテンションが柔らかくなっている印象です。

「愛したのが百年目」に出てくる女っていうのはたぶん安井自身じゃないかな。イントロは完全、キッド・クレオール（5・51）のパクり。わざと使ったんだけど、イントロを同じ風にして違う曲をやるって。今で言うサンプリングに近い。曲は全然似てないんだけど、イントロだけ。

「タクシーと指輪とレストラン」っていうのは、寂しいバラードで、マイケル・ボルトン（5・52）が歌いそうなやつを、フォー・イチっていうことにして。朝妻（一郎）さん用ってことで、一曲いつも隠れたプレゼントとして入れることにしたんだけど。ポリシーをまげて、バラードものっていうのは、その一環ですね。でも、日本語としては非常にドラマがある歌だと思う。

――『ヴェネツィア』はどうですか？　サウンドはほとんどマーク・ゴールデンバーグ（5・53）が手掛けてますね。

スーヴェニール。おみやげ作品で、ヴェネツィア好きだから。好きなものをテーマにすると、のめってわかんなくなるからまずいっていうのがあって。でも、やっぱり好きだからやってしまったという。ヴェネツィアの印象記みたいな。もちろん、アルバムをつくるまでにヴェネツィアには六回くらい行ってるし、ヴェネツィアがどうやってできたかって喋ると、一時間は喋れるくらい歴史的背景知ってるけども、そういうのとは別に本当に好きなのね。これも理屈がなくて、エッセイみたいなアルバムですね。

その時に、ちょうどマーク・ゴールデンバーグを、全然関係なく紹介されて、「ご飯食べようよ」。ぱっと会ったとたんに気に入って、マークのいたバンドのクリトーンズも好きだったんだけど、彼の持ってる感覚好きだから、「次一緒にやろうよ」っていう話になって。

――なるほど、そういう出会いだったんですね。

「首のないマドンナ」はヴェネツィアに行ってもらえばすぐわかる。本当にそういう像もあって、朽ちたデカダンの匂いがヴェネツィアの街自体にしてるわけ。それをまず、音だったらどういうのがいいか。

「スモール・ホテル」はシャンソンですね。正調シャンソン。シャンソンというか、(シャルル・アズナブール(5・54)というか。アズナブールに「悲しみのヴェニス」って歌があるけどね、

――『ヴェネツィア』というアルバムには独特のテンションがありますね。

だからヴェネツィアの街自体が、本当に真空パックして収められたとは思ってるんだ。行ったことのない人には何とも言いようがないんだけど、本当にベネツィア真空パック。ヴェネツィア好きっ

ていうのは、古今東西、世界中にいるけれども。
僕は常に映画をつくるような感じでつくってるから、コロコロやるものが変わってるみたいだけど。

――いや、変わってないです。シーンは変わっていきますが、基調は変わらない。

それは嬉しい。

――次に東芝復帰第一作になりますが、アルバムタイトルから見るとダシール・ハメット（5・55）ですね。

『マルタの鷹』は失敗作ですね。コンセプチュアルなものはついてるはずなのに、それをやって失敗してしまったという。ハードボイルドの感じを出したかったんだけども、ジャズと結びつけたのは無理があった。
でも、ジャジーなアルバムをつくりたかったのは確かなのね。ジャズのミュージシャン使ったんじゃ本当のジャズになっちゃうから、三カ月くらい個人的にジャズを勉強しまして、ソロひとつにしても違うじゃない、日本の場合。自分でやるしかないなと思って、サックスを買って遊んで吹いてたの。だいたい吹き方とかわかったから、本当は全部、アドリブもしたかったんだけど、やっぱりそこまで至らなかったから、全部サンプリングでやった。フレージングとかそういうの全部わかるけど、そんなことを三カ月くらい、それを自分ひとりだけで遊んでジャズをしてしまったというジャムセッション的アルバムですね。

――どうしてそういうことを考えたのでしょうね。

わかんない。違うことするって面白いと思う。サックス吹く人の気持ちってわからないから、吹いてみないと。

――そりゃそうですけど、自分で練習してやろうと思うところが。

別に人のためじゃないから。と言っても初めてじゃない。スタッフが朝来たら。サックス練習してて。「ええっ！　サークル活動ですか？」。

結局、ものにならなかった。

――その反省のもとに『ボレロ・カリフォルニア』があるんですか？

あれはだから、白紙に戻って、カリフォルニアってみんな馬鹿にするかもしれないけども、僕の判断によれば、なんとなく低く見られがちでしょ。ちょうど、並行して料理の本出してるんだよね（『ニューヨークレストラン狂時代』）。料理っていうか、ニューヨークとかヨーロッパの辺りのレストランの。それにカリフォルニアのレストラン事情も、タイトルは違うけど『カリフォルニア・レストラン夢時代』っていう。そっちも同じでレストラン紹介の本だけど、出すにしても五〇軒くらい行ってせいぜい三分の一選ぶ程度。五回以上行ってない店は入れなかったし、シェフなりオーナーと話さないとイヤだから。インタビューして、話してるうちに「あ、これ気に入った」とかわかるじゃない。そういう基準であの本つくった。

同じなのよ。カリフォルニアで、新しいお料理の、カリフォルニア・キュイジーヌっていう、ニューヘルシーはやっぱり、彼らの生活感がすごい出てるわけね。すごく変わったわけよ、イーグルスの「ホテル・カリフォルニア」からは。

だってロサンゼルスほどジーンズ穿いてる人が居ない街珍しいもん。居なくなってしまった、一掃されてしまった。普通の所歩いても、穿いてるのは旅行者だったり、間違ってカリフォルニアに来た人なの。地元の人ゼロ。そんなカリフォルニアの変化みたいなのを音で表現したいな、というのが漠然としたコンセプトだね。だから絶対生だし、絶対アル・シュミット(5・56)でやるって決まっちゃって。それが先。

――アル・シュミット、ニックデカロ(5・57)という人選は、どうして?

それも理由がないのよ。どこから最初に思いついたかわからない。カリフォルニアが触媒となって、そういう目に見えないものを形にできるのは、そのチームなの。ニックが後で嫌がっていた。僕が家でつくったデモテープ、一応アレンジした状態で送ったら、「僕、いらないじゃない。何すればいいの」って言われちゃった。「これ、譜面に写せばいいのか」って言うから、「いや、そうじゃなくて」(笑)。でも、楽しかったな。

――どこが楽しかったですか?

何もしなくていいんだもん。僕より年上の人と仕事をしたというのは久方ぶりで。六週間くらい居たのかな。ミックスも全部含めると。だから実働、早いのよ。テイク・ツーくらいで終わっちゃうの。実際テイク・ワンだね。パーッと歌って、パーッとやってるうちに終わっちゃう。十一時から始まって五時には終わってる（笑）。しかも三曲くらい録れてる。東芝の担当者なんてスタジオに来たら終わってるっていう。

やっぱり楽しかったな。忘れていたものが蘇ったような。全員が一緒になってやる生っていう素晴らしさ。意外とロスの人たちって、スタジオミュージシャンのなかでもスレてるから、日本っぽいんだよね。悪い意味でも良い意味でも。コールドフィッシュ（冷たい）のところもあるんだけど、超プロのところもある。

その人たちがみんなその気になってしまった。面子がすごい。単にちょっとだけフルート入れた人も、「僕、全部（パート・）バカラック（5・58）やってます」みたいな人だから、ちゃんとしてるんだよね。聴くと。

みんな帰んないの、そういう人たちが。面白い。まず来てがやがやと話してて、ちょっとやろうかってテイク・ワンで終わっちゃって。次、またがやがややって。別に平均年齢高いわけじゃないんだけど、老人ホーム状態。アル・シュミットも、七時過ぎるとミックスしながら寝てるっていう。「寝てるのかな、聴いてるのかな、寝てるよな」。肝心のところは寝ないけどね。

――現地へ行ったほうがいいなとか、これは東京で録ったほうがいいなとかいう判断は、勘みたいなものですか？

理屈はあんまりないけどね。いろんな条件、エンジニアが誰でいいとか、音に影響出ていっちゃうから、そのエンジニアを余所に連れて行っても、うまくいかないもんね。僕の好きなエンジニアというのは、雰囲気重視の人だから、自分のいちばん好きな環境じゃないとうまいこといかないね。

――クリス・トーマスには東京に来てもらいましたね。

あれは純粋に経済的理由。五人くらいで行くよりも、一人呼んだほうが速いし安いんじゃないかっていう。それは半分冗談だけど、半分本当。あれも結局、ロンドンのエアスタジオに行ったりしてるから同じようなもんだけど、ベーシックは日本で録って、こちょこちょやってるのは向こうのエアスタジオで、やり直してるというか足してるというか。

――ソニー時代の二枚は東京で録ってます。

別にソニーとは因果関係ないんだけど、外国の興味がないっていうか、外国でレコーディングしても触発されないっていう。常に何か欲しいわけで、いくつになっても。だから刺激っていうか、動機っていうか、それがあの頃は東京でつくり出せたんだけど、今どこに行っても平気だけど、昔はやっぱり、そういうものがないとみんなが燃えないということがあったんだよね。

6　加藤和彦の音楽観

プロデュース

ひととおり、アルバムを中心に加藤和彦のその時点までの足跡を聞いていくなかで、改めて痛感したのが、あのソフトでスタイリッシュな外見に似合わず、彼が日本の音楽シーンにおいて、きわめてパワフルな革新者であったということだ。

サディスティック・ミカ・バンドにおけるイギリス公演成功という派手な功績だけでなく、レコードの面から見ても、それまで日本の常識だったレコーディング作法や習慣に囚われず、テーマの設定や楽曲のつくり方、スタジオの選び方や使い方、プロデューサー、エンジニアなどの役割や作業内容、さらには出来上がったレコードのクレジットからデザインまで、加藤和彦が日本で初めて試みた事例は実に多い。

しかし、加藤和彦がそれまでの日本のローカル・マナーやしがらみと闘いながら新たなスタンダードを開拓していったのは、必ずしも戦略的計算に基づいての行動ではなかったのだと思う。彼は純粋に、自分が満足できる音楽をつくりあげ、納得できる形でリリースするために、当然と思えること、よりふさわしいと思えることを、自分自身のアイデアや触れ合ってきた欧米のミュージシャンたちが行ってきた方法論を活かし、自分なりに消化していったに過ぎないだろう。

おそらく加藤和彦がきわめてクリエイティブなプロデューサーとして、日本の音楽環境を開拓していくことができたのは、彼の音楽に対する姿勢の純粋さ、明確さにブレがなかったからだと思う。

改めて、加藤和彦が音楽について考えていることを中心に聞いていこう。

――加藤さんはプロデューサーでもありますよね。プロデューサーとして思っていることってありますか？

本当のなにかを持ってる人のプロデュース、僕大好きなんだよね。新人のなんかやってても、そ

れはある種、ビジネスでやってるという部分もあって、本当に持ってる有名な人こそプロデュースっていうのは必要なの。みんなついてるじゃない。たとえば、ビリー・ジョエル（6・1）だとフィル・ラモーン（6・2）とか。みんな自分でレコードぐらいつくれるよ、当然。ただ、なんかいるわけよね、横に精神分析医みたいのが。それがプロデューサーなわけでしょ。

大物ほど自分でやりたがるっていう悪い傾向が、僕も含めて。僕は常々、プロデュースしてくれる人が居るんなら頼みたいって言ってるんだけど、居ない。面倒くさいもん、自分でやるの、やだもん。

――加藤さんも誰かにプロデュースして欲しいですか？

プロデューサー求む。すごい楽しかったのは、アル・シュミットとやったの。彼はエンジニアだけど、プロデューサーみたいなものだよね。あっちは巨匠だから「いいんじゃないの」。いい加減じゃないんだけどさ、ディテールこだわらないから。飽きたらご飯食べに行こうかっていう（笑）。でも、レコード会社の人間がスタジオに来る頃には終わっている。どうせ延々やってると思って七時に来るときっちり終わって、六時半ぐらいから待ってる。「どうも、どうも、どうも」とか言って。

アル・シュミットみたいなのいるとうれしいね。本当のプロデューサーっていうのが、僕らの音楽に対しては、僕らが最長老だから、居ないんだよね。居ると最高なんだけどね。

――自分が良いと思うものと、第三者が聞いて良いと思うものが違うというのは、写真選びもそうですね。

写真は好き嫌いになっちゃうけどね。歌の場合はもうちょっと総括的に、そういうプロデューサーがいない、皆無だね。それで欲しいって言ってたの。

曲を全部含めての意味だけど、そういうことを全部含まれたものが楽曲なわけでしょ。だから、人の心を打つわけでしょ。それをつくり上げるんだから、本当は非常に大変な作業なんだよね。実は。絵を描くのだってそうだし、くだらない絵からいい絵からいっぱいあるけど、みんなそうだけども、根本的につくる姿勢が非常に違っているというか。

本はそういう人が居るよね。いくら偉い先生でも、ちゃんと編集者がついてて、やっぱり編集者のほうが若くても、その先生になにか言うわけ。言う事聞くわけよね。プロデューサーだよね。そういう関係が成り立ってるでしょ。

——加藤さんはいつ頃からプロデューサーを意識するようになりましたか？

海外レコーディング体験で外国人コンプレックスとか大分消えたよね。こちらが命令をするという。レコーディングとかそうよね。プロデューサーが決める。

一度、目からウロコが落ちたっていうか、完全にプロデュースができるようになったのは、一五年くらい前かな。マイアミである女の子のプロデュースしてて、いわゆるマイアミサウンド（6・3）っていうかああいう感じのやってて、弦なんかも全部一緒でパーッと録って。なんか気に入らなかったのね、テイクが。悪くはないんだけど、日本だと「すみません、これキープしておいてもう一回」みたいな感じよね。だから「もう一回やってくれ」って言ったら、「なぜだ」って聞いてくるわけ。結構向こうもうるさいから。その時に、理由がないから「アイ・ドント・ライク・イット」って言ったの。そしたら「ＯＫ。トライ・ワンス」って。結構、尊敬されるわけ。

他に言う言葉がなかったからさ。つまり「これを置いといてもう一度」って訳しにくいじゃない。その通り訳しても意味ないと思ったからさ、「僕は嫌いだ」と。そしたら結構わかってくれて、「あっ、これだ」と思ったね。目からウロコが落ちた覚えがあるけど。

――日本式のエクスキューズと違いますよね。

違う。どこが悪いのかとか、本当の意味で聞いてくる。

――日本の場合だと、言い訳しなくちゃいけないところがあります。

それと、今言った「これキープで、もう一回お願いします」「はーい」っていう、理由がわからないまま進むじゃない。物事が。その感覚は外国人にはない。何回やるのもかまわないから、どこが悪いのか言ってくれ。それ以来、目からウロコが落ちて、どこへ行っても平気になりましたよ、何人居ても、有名な人が居ても。

――それ以前は気にするところがありましたか、有名な人とか？

いきなり外国録音て、エンジニアでも全部違うから、やっぱりあがっちゃうでしょ、感じが。僕は、『黒船』でクリスが来て、日本でやっちゃったから外国人の感じは慣れて、そのままミックスとかエアスタジオでやってるから、そういう意味ではいきなり「初めまして」って外国行ってないから、意外と馴染めてるんだけど。

――日本ではまだまだプロデュースという概念が希薄ですね。

今は、アレンジャーが完全にプロデューサーになっちゃってるけど、それは音のプロデュースだよね。本当はそうじゃなくて、アーティスティック・プロデュースっていうのは、非常に難しい。アーティストに一〇〇パーセントべタッとくっついてないと。僕よく言うのは、精神分析医と同じだねと。全部引っ張り出して、普通は一〇〇しかないものを、一〇〇ならいいけど、五〇しかないものを一〇〇出させて。そういう役ですよね。サウンドなんていくらでもつくるんだから。プロデューサーが欲しいというのは、そういう意味。自分で自分をエンカレッジするって、自分を騙せないから。やっぱりいちばん大変なのね。

――どうして日本でプロデューサーが育たないのでしょうね。印税がないという説もあるみたいですけど。

そういう問題じゃない。歌の時は、うちの安井が出てくるけど、安井とやると喧嘩になっちゃうからね。向こうも居なくなっちゃったりして。「下手ね」とか言って居なくなっちゃったりすると困っちゃうじゃない。これは、夫婦は駄目。他の感情が入っちゃうから。だから……居ないんだよね。

——日本では、そういう機能が認められていなかったということでしょう。職種がない。レコード会社の役職としてのプロデューサーみたいなものですから。

ひどいもんだね。そういういわゆる普通の「歌入れ」っていうの見ていると、とくにアイドル系なんかの場合、最悪だよね。「ハーイ、なに子ちゃん、三番、ここだけやってね。もうちょっとかわいくいこうか」とかさ、ほとんど小児科の幼稚園以下。それは全然違うものとしても、普通の、居ないよね。本当。みんな困ってるんじゃないかな。自分で思ってるのが必ずしも良いとは限らないもん。

——日本のディレクターとかプロデューサーは役職でしかなかったですからね。

当時の日本のトップのエンジニアって誰だろう。誰というカテゴリーがなかったんじゃない。日本は居ないんじゃない、そういう意味じゃ。エンジニアはいわゆるミキサーであって、アーティストではないっていう区分けでしょ。向こうはエンジニアはエンジニアっていうアーティストであって、音をつくるからクリス・トーマスみたいなのが出てくるわけよね。

――エンジニアがプロデューサーになるパターンがありますよね。

日本はいまだに居ないね。まあ、オノセイゲン（6・4）なんか近づきつつある。でも、日本はエンジニア・プロデューサーと本当に言える人が居ない。頭も固いし、外国の機械ばかりだからいじっちゃいけないと思ってる。

向こうは機械なんか、そんなもんメーター振ったって、音で聴いて良ければいいじゃない。僕もその派だから、音程違ってたって感じが良ければいいじゃない。許容範囲外れてたらまずいけどね。ロスでやったアル・シュミットなんかもそうだもん。あの大巨漢がよ、歌だけパンチインするわけ。日本だったら、シリアスなパンチにするから歌だけソロにして、ちょっとズレると、もう一回やり直すじゃない。でも、明らかにズレてるんだけど、オケでバッと聞いて、「わかんない、平気平気」。それでいいんだよね。歌だけ聴かないいんだもん。

そういう意味でね。あの巨匠でそうだからね。手を抜いてるんじゃないのよ。僕もどっちかっていうと、その派なんだけれども、さらに上手が居て、「すみません」ていう感じ。

――初期のビートルズで歌詞間違っているのもありますよね。

それがどうしたってことだよね。

そういう全部のメンタリティーが日本の新幹線に現れているんだよね、やっぱり。九時三分発っていうと、本当に九時三分発で、一二時一二分着っていうと、本当に着いちゃうじゃない。世界中あんなのないよね、絶対に。

着いたらいいよ、そりゃ。でも、そんなにきっちり着いてどうするのっていうところもあるよね。一時間も遅れちゃ困るけど、レコーディングもそれに近い。完全にエンジニアってそれだから、メーターの前に座って、白衣着ちゃってるみたいな感じでしょ。そういう根本的に音楽に対する理解ってのが、いまだに違うよね。すべてが。

音楽の価値観

プロデューサーとしての加藤和彦は、グローバルなスタンダードに基づいてローカルな作品を手掛けてきた。自らのアルバムだけでなく、吉田拓郎、泉谷しげる、岡林信康などのフォーク・ミュージシャン、竹内まりや、岡崎友紀、佐藤奈々子といった女性シンガーなど、多彩なミュージシャンの作品を手掛けているが、それらは常に、その人の新たな可能性を探り、その魅力を引き出そうとしているように思える。

ビートルズのプロデューサーとして知られるジョージ・マーティンの伝記のタイトルは『耳こそはすべて』という。この本のタイトルこそ、プロデューサーとしてあるべき姿勢を端的に言い切っているのではないかと思う。ほかの雑音に惑わされることなく、己の耳を信じて納得できる作品をつくりあげるべく全力をつくす。その覚悟と思い切りがプロデューサーの仕事として結実していく。

加藤和彦も、まさに耳を信じて音楽をプロデュースをしてきた。その姿勢は、単に音楽的技能のレベルではなく、生き方、人生観を賭けた営為という質を持っていたのだと思う。

――日本に欠けているのは、何を良い音楽とするかという価値観でしょうか?

いや、だから音楽も人生の一部みたいなものだから、人生に対する考え方の価値観の違いでしょう。音楽がなくても人は死なないけれども、精神的には死ぬわけですよ。本にしてもそうだよね。食べ物は食べないと死ぬから食べているけれども、それだっておいしいものからジャンクまでいっぱいあるわけでしょ。でも誰でも食べるよね。

それも大きな違いで、目に見えない自分の生活を支配している他の大事なものっていうのを、あんまり認めない。目に見えるものしか認めないっていう感じじゃないかな、日本の場合、社会全体が。だから、どうしてもそうなっちゃうんだよね。

アーティストの権利がいちばん低いのは日本じゃないかな。別に僕らは威張りたくはないけれども、フランス大使館なんかよく知ってるんだけれども、フランスの四流くらいの歌手が来ても、「パーティーやるから来てください」って。「そんなの、いたっけ」なんていうの、全然宣伝じゃなくて、シャンペン飲んで食べて終わりっていうパーティー。逆に考えたら、僕がフランスに行ったら、日本大使館がパーティーやってくれてもいいはずだってことよね。そんなことありえないよね。歌舞伎の人が行ったらやってくれるかもしれないけど。

――渋谷のライヴハウスあたりに来るミュージシャンでも、小まめにフランス大使館はフォローしてますものね。

予算もちゃんとあるしね。全部、自分のところの輸出製品と思っている。酒からワインから、音楽もそうだし。

――日本では邦楽以外の音楽は輸入文化だっていうところで、お役所のスタンスは変わらないでしょうね。

輸入文化っていうんじゃなくて、日本人の生活感が変わらない限り変わらないでしょう。

――外国のほうが偉いという観念が、音楽に限らずありそうですね。

でも、今は違うんじゃないの。前にうちに勤めていた秘書が居て、だいぶ前にやめちゃったけど、その時二四か二五歳くらいで、普通、洋楽のほうが好きじゃない、僕らはなんとなく、理由なく。

その子は、ちゃんとしたというか、服装にしても普通の、超ドメスティックな子じゃないわけよ。「洋楽は言葉がわからないし、日本のほうがいい。日本のほうがかっこいい」。ある意味では正しいかなとも思ったんだけどさ、日本人としては。僕らのほうが屈折しているのかもしれないけど、今の二〇歳前後の子、みんなそうでしょ。日本のほうがかっこいいと。

逆転現象で、あながち悪いことでもないような気がする。でも、方向がちょっとずれてるような気がする。

あと、オリジナルを聴かないからさ。今売れてる日本のグループとかで、向こうのグループの、明らかに単純コピーしてたりするじゃない。でも、聴いてる人たちは、元のほうは知らないんだよね、全然。

――逆に言うと、そういう部分では鎖国状態なんですね。

もう、悪い意味でコピーし放題っていうか、恥ずかしさがない、平気で超かっこいいと思ってやってるわけでしょ、彼らにしてみたら。それがなかなか情けないっていうか、それを超えるものが出ない。

――昔の人は、同じパクるんでも後ろめたさがあった。

ちょっと変えようかな。あれ風にしたいけど、二回くらい曲げてとか。そんな露骨なものやらないよね。グループの名前まで似てるみたいな。そっちのほうが大手を振って、「どうだ」っていう感じ。僕はね、桑田君くらいがいちばん最後だと思うの。こだわりのある、あそこで線を引けるような気がするけどね。

――サザンオールスターズ（6・5）を聴いて育った子供たちくらいから、そういうふうになってるのかもしれません。洋楽から邦楽という流れではなくて。

桑田君は、でも、出所不明だよね。そういう意味じゃ、完全になかで消化されている。普通なんかあるじゃない、出所が。彼の場合、出所不明だよね。

――彼のなかに洋楽と邦楽が両方あるでしょう。ザ・ピーナッツ（6・6）あり、ベンチャーズあり、ディランありですね。

それが妙に溶けちゃって、普通は分離して出るんだけど。歌にしてもそうだよね。だからオムライス状態になっちゃってるんだよね。「オムライスやっぱりおいしいな。これは洋食だあ」と思って食べてる。和食も洋食も取れちゃって、これはこういうもんだと。日本の今の音楽、とんかつとかそういうものになっちゃってる。ご本家のものがいなくなっちゃってる。僕らの場合はまだ、カツとちょっとライスつけましょう。とか、そういう時代だったんだけどさ、今「とんかつ」になっちゃった（笑）。

――いきなりオムライスを聴いちゃうから、逆に尊敬しにくくなる。

オムライスの中身変えて、オムライスのなか、カレーにしちゃおうか、みたいな発想じゃない？音楽もそうなってる。元をたどるんじゃなくて。

――おにぎりでもツナマヨがおいしいっていう世界になっちゃいましたからね。

音楽も完全そう。でも、洋楽でも同じ世代になっているから。外国は外国で、やっぱりオムライス状態になっているのよ。だってそうだもん、明らかに、まるでジョニ・ミッチェル（6・7）じゃないとかさ、平気で山ほどあるじゃない。ちょうど二・五流くらいの人。超一流は違うよ。でも超一流っていうのは、昔からやってる人になっちゃうね。そうすると流行ってるものは向こうでも、やっぱり外国のオムライスになってるよ。世界中、そう。

――音楽に詳しい人じゃないけれど、最近のチャートの上位の曲を聴いてみたら、全部同じに聴こえるけれど、私おかしいでしょうか、と聞かれました。

それは正しいんだよ（笑）。僕が聴いても同じに聴こえる。もう、世界中同じ音してるよ。それは全部だけどね、世界中。同じもの食べて、同じ格好してるでしょ、今。そういう意味じゃ、全地球規模になってるとは思うんだけどさ。

――オムライス状態をどう思いますか？

別にはっきり言って気にはしていない。話に出たから言ってるんであって、どっちでもいいと思っ

てる。そういう意味ではあまり興味はない。ただ、そういう考えを持った人たちが今つくっているわけで、いろんな人がいるんだけど、それがもっと受け入れられる世の中があればうれしいなと思っているだけだから、ただ単にぼやきみたいだけどさ。

拓郎と話してて急に。「結局、僕らが悪いんだよなー」とかいう話になって。弱気なんだよ、拓郎。「尊敬してないんだよな」って。「やっぱり、悪いんだ、僕らが」とかなんとか、すぐ反省しちゃうから、あいつ。

ミーハー感覚

欧米の若者たちが発信する同時代へのメッセージだったポップ・ミュージックを、自分たちにとってのリアリティを持った表現として血肉化させる。それは、ザ・フォーク・クルセダーズ以来の加藤和彦、そしてはっぴいえんどをはじめとする、日本のクリエイティブなミュージシャンたちのテーマだった。

彼らは、それぞれに試行錯誤を重ねながら、さまざまな視点から答えを提示しようとしてきた。そのなかから、いくつもの作品が生まれ、日本のリスナーに受け入れられていった。そして、時代が進むなかで次第に日本の新しいポップ・ミュージックの流れが形づくられていき、ニューミュージック、J・POPなどと呼ばれるようにもなっていった。
そうした時代の流れをしっかり認識しながらも、ひとところにとどまることなく、加藤和彦はその表現の「意味」について常に考え続け、時代のなかで自分のスタンスを測りながら活動し続けてきた聡明でスマートな音楽家のひとりだった。
しかし、彼が聡明でスマートでいられたのは、その奥に時代を見るセンスだけでなく、読み取った時代の空気を徹底的に検証してゆく研究者としての一面を持っていたからなんだろうと思える。

――加藤さんの性格のなかに研究熱心というのがありますね。

好きなことだけはね。知らないことは全然知らないよ、本当に。さっきも聞いちゃったもん。「エックスのトシさんて有名?」。恥かきそうになったから知ってる振りして「そりゃ、いいですね」とか言ったけど、全然知らない。ミュージカルをやるんで、彼が出るという話で、実は知らない。

外から見ると、好きなことやってるような気がするんだろうけども、常にいろいろ考えて、僕は偉大なるミーハーだと思っているから、僕が興味あることは絶対みんなが興味あるに違いないと。

とりあえず自分が楽しいというか、好きな、満足いくものをつくることで、まず何の分野にしても第一。音楽つくるにしてもそうだけど三回聴くと飽きちゃうような曲は捨てちゃう。みんなアルバムつくるの苦労するって言うけど、僕なんかたくさんつくるほうではないけど、曲なんかすぐ出来ちゃう。コンセプト自体どうするかって、自分のなかで固まるまで置いておくから時間がかかっちゃうんで、曲なんかすぐ出来ちゃうの。それがいいか悪いかって判断できるから。

いらないものは捨てて、どんどんどんどんつくっちゃうから、レコーディング自体はそんなに時間はかからないし、音にはグチグチこだわるけど。延々やっているみたいな大滝君タイプではない。いい加減につくってる。自分の音だけが満たされていれば良い。

いつまで経ってもアーティストなんて絶対に完璧って思わないんだから。もうつくっちゃったら、その次にまた、ああこうやればよかったなって、絶対に思うに決まってるわけで、これは。誰だってそうだと思うんだよね。ピカソにしたって、それが物事をつくるエネルギーになるわけでしょ。「これ、いいな、これは最高だなー」とか思っている人多いんだけど、それじゃ、つくれない。

――自分で偉大なるミーハーだって自覚したのはいつ頃ですか？

ずっと思ってるけど、なんとなく、忘れてるくらい。ずいぶん思ってるよ。だってミーハーだもん。キャッチ「みーちゃんはーちゃんも聴いて楽しい」僕はあまりオタッキーじゃない、オタッキーかな。Ｍａｃもオタッキーじゃないよ。道具として使ってるだけだから。結構、奥村君なんか巨匠なのに、僕がなんか言うとすごく気を遣ってるでしょ。僕は気を遣ってないんだけど、奥村君はなんとなく、変な関係なんですよ。精神顧問みたいな（笑）。よく間違われるね。幸宏と居た頃は、外国なんかに行くとね、二人で居るじゃない。本当の人が見ればわかるけども、なんとなくね、それチックな感じよね。

――本人同士はどうなんですか？

本人同士は別に。感情的に好きっていうんじゃないけど、そんな年中会って「幸宏」って言ってるんじゃないけど、わかる。本当に年に二、三回くらいしか会わないけども、わかる。不思議な関係ですね、幸宏と僕は。言葉じゃ言えない。

――プラトニックな大人の男同士という。

怖いね。大人の男同士の恋。兄弟でもない。だから、そのことは幸宏に追跡調査してください。もちろん、兄弟でもないし、前後上下左右とかそういう関係は一切ないんだよね。なんか目に見えないものは共有してることは確か。年中どこか脳裏には居るんでしょ。幸宏の脳裏にも居るんだよね。脳裏に居ることによって、安心するっていうか。わけのわからない肉親ていう感じだよね。

これは答えになるかどうかわからないけど、幸宏がいちばん僕のことよく知ってて、なんかの時話してた。「一般的には小うるさそうな、いわゆるイメージってあるじゃない。だけど、トノバンて違うんだな、市民会館行くといつもご飯食べに行こうよと言って、ランチ食べてるよ。駅弁も食べてるよ」。かと言って、ジャンクを食べるというんじゃなくて、その時のベスト、そこの駅弁おいしくないかもしれないけど、チョイスがあるとすれば、そのなかでいちばんおいしいものを食べてるっていうか。市民会館に着くとなんか食べて、「あ、オムライスもあるよ」とか言ってさ、なんでも食べるんだよ、これ。

べつにかっこつけてるわけでもないし、一般イメージとは全然違うんですよ。全然食べてないみたいでしょ。最近は聞かれなくなったけど、前はよく、知らない人に「お蕎麦なんて食べるんですか」。

今はかえって逆にお蕎麦がかっこいいって部分あるけど、もっと前だと、かっこいいイメージじゃない時は、「蕎麦とか食べるんですか」「食べますよ、そりゃ（笑）」と、そういう意味で、普通のミーハーですよ。

――こだわっているもの同士を別に比較しようという気が無い、ということでしょうか？

順番、無いっ。ミーハーとは違うけど、何やってもオプティミスティックになったのは、一二～三年前、よく東南アジアへ行ってたの。好きで、いろんな所へ行っては帰ってきて、その頃は羽田かな、梅雨時かなにかで、雨降って蒸し暑かった。道は混んでるし、暑いし、なんか嫌だなと思ってたわけ。その時、「あれ、東京もアジアじゃない？」と思ったわけ。そこから類推して、「あ、ここへ旅行に来たと思うと、これは面白い街だ。ここはとっても変わった所だな、東京は」。ふと思ったわけ。順番に思ったんじゃなくて、一瞬のうちに。

それ以来、なんでも平気になってしまったというか。よく「東京はなんとかだ」とか言うけど、東京に居ても旅行気分、どこへ行っても旅行気分。だから全然平気なんですよ。駅弁説とつながっちゃうんだけど。もちろん旅行中とは年中は思ってないよ。まるで思ってないけど、ベーシックにそういうものがあって、だから文句は言わない。言いそうでしょ(笑)。言うけどね、言わないんですよ、意外と。あんまり思わないから。自分のなんかに反したことはすごい言うけどね。居心地悪くしちゃう。

——自分自身に良いほうに考えて、居心地を良くするわけですね。

だって、損だもんね、辛くなっちゃうのが嫌だから。変なとこに置かれたとしても、そこでいちばん良いことをやってればそれがベストなわけでしょ。それは外国の友達から学んだ例が多いよね。リゾートなんか行ってると。雨が降ってくると何もすることないわけじゃない。部屋のなかにいたら「雨でやだな」と思っても雨は止まないのでね。

外国人はブチブチ言わない。自分がどうにも出来ないことに対しては。外でゴルフをやってる人も居るし、屋内でトランプやってる人も居れば、酒飲んでる人も居れば、そのことに文句は言わないわけ。ところが日本人三人くらい寄ると、「今日は雨で嫌ですねー」となるけど、言ったって雨止まないじゃない。

そしたら雨を遊んでればいいじゃない、どちらかというと。

そういうこととか、イギリスにいた時の影響が大きいんだけど、イギリス人は屈折してるから、アメリカ的オプティミスティックじゃなくて、かえってネガティブのほうなんだけど、あわてるところは人に見せてはいけない。隣が火事でもゆっくりおもむろに立ち上がって、去っていくっていう。それをもって気概とするみたいな、武士的なところがあるじゃない。それも好きなところがあって、そういうストイシズム、それとアメリカ人的オプティミスティックというか。それにラテン系フランス・イタリーの享楽的なとこと、全部ごた混ぜにして、日本人にしたというのが、多分、現状でしょうね。

人生観

東京に居ても「自分が旅の途上に居る感覚」があるという話は、以前、細野晴臣にも聞いたことがある。細野晴臣がトロピカル・サウンド、エキゾティック・サウンドを打ち出した時期に、彼も旅行者として東京を見る感覚を覚えたという。

加藤和彦や細野晴臣のトロピカルな音楽が、決して奇をてらったゲテモノにならないのは、彼らはトロピカルな感覚を、単に奇異なもの、変なものと捉えてはいないからだ。自分にとってそれが妙なものと見えるように、彼らにとっても自分が妙なものに見えているのではないか。自分は決して安全地帯に居る「見る者」ではなく、同時に「見られる者」でもあるという意識が背景にあるから、エキゾティックなものにフラットに向き合う感覚が生まれている。

ちょっと脱線するけれど、往々にしてアメリカ映画に感じる傲慢さは、自分たちの絶対性を信じ切っていて、そこに相対的な価値観があり得ることを想像しようと思ってもみないという鈍感さを感じ取ってしまうからだと思う。

この「旅の途上感覚」は、決して特別なものではないのだと思う。なにより人生を旅として捉えれば、人は常にその途上にいるのだから。思い起こしてみれば、サディスティック・ミカ・バンドの『黒船』のテーマが、黒船による日本的価値観と欧米の価値観との遭遇を、相対的な視点で捉え直してみようというものだった。

日本のミュージシャンたちが、欧米のポップ・ミュージックをその精神性までを踏まえたうえで、自分たちの表現として確立させていこうとすれば、自分たちの置かれている場所を相対的に捉え、そのうえで肯定的な価値観をつくり出していくことが必要なのだと思う。そして、その異質なものを血肉化して自らの表現へと変換していく作業のなかから、次の時代を切り開くインパクトが生まれる可能性も広げていく。それは、サディスティック・ミカ・バンドや加藤和彦の足跡だけから言うのではない。リバプールというロックンロールの辺境が、アメリカン・ロックのスピリットを自らのオリジナルな表現へと転換させていったザ・ビートルズを生んだメカニズムとも共通しているんじゃないかと思う。

――リスナーとしては、フォークルやビートルズのようなインパクトがあるものが出てくるのをずっと期待しているんです。そういうものはもう出てこないって言う人もいますが。

出てこないっていうか、自分でつくんなきゃならないものなんだもん、だって。アーティストなんて、ものをつくる動機はそんなにあるもんじゃないでしょ。一〜二曲は出来ると思うよ、全生涯で。たぶん、長いことやってると、自分がものをつくり出す動機とテンション、そういう駆り立てるものをつくらないことには、ものは絶対出来ないでしょ。だからいろんな大道具、小道具を駆使しないと、自分でなかなか高揚しないから、それをつくるのが大変。一時それに苦労して、旅行なんかもそうだったんだけど、最近は旅行は逆にリラックスするためで、緊張を求めていかない。緊張なんていうのは、意外とつくれるようになっちゃったの、自分で。

スタジオにいれば、一人で自分で興奮してるのも変な話だけど、緊張感くらいはつくれちゃう、一曲ぐらいのね。それも習い性になると嫌だから。だから一番楽しいのは、結局、それと同じことで、何かやってると偶然パーっと遊んでるわけじゃない。そのうちになんか入っちゃうっていうのが、あるんだよね。それ何の動機かわかんないんだけど、そうすると一曲出来る時に、やっぱりいい曲が出来たとか、それに入りやすい状況を。それは訓練だね。いろんなことを訓練したんだけど、さっきも言ったように、曲が出来ないとか、悩んでる人の気持ちはよくわからない。それはなんか足りないんじゃないか。努力というか。

――人生観が変わった時というのはありますか？

それはいっぱいありますよ。大きな節目。そのことによって変わったっていうことよりも、たとえば「ヨッパライ」が売れちゃって、人生観変わったよね。

ただ、それは人生観が変わったというより自分の環境が変わって、ベーシックには大きな意味がある。だから今の僕があるわけだけれども、その当時には、あまりそれは感じてないわけですよ。

それとサンフランシスコのヒッピー・カルチャー。最初にロンドンに行った時。まとめて外国に行った、普通の言葉で言うカルチャーショックみたいなもの。それと結婚して、一回離婚した。これは人生でだいぶ違うこと。外国でのミカ・バンド公演、これまた大きな転機だし、今の安井と結婚したのも転機。

東南アジアが意味があったっていうんじゃないんだけど、東南アジアを経由したことにより、さっきのふっと変わったたっていう感じ。それは全部音楽に反映していて、その時のアルバムっていうのは、全部僕を表わしてて、今やろうと思っても、出来ないアルバムばかりなんだよね。本当にその時のものが凝縮されてるから。

僕の理想っていうのは、出来うることならば、ヘミングウェイ好きだけれども、ヘミングウェイっていうのは、彼の作品より人生のほうが面白いのよ。そこをベースに彼は作品をつくってて、人生の方が面白い、人生=作品みたいな形になったら最高だな、と思うんだけど。今の時代ではなかなか、そういうシチュエーションていうのはつくりにくいから。そんなことばっかり追い求めていると、レトロになっちゃうけど、それをやってる僕の友人の画家の金子（國義）さんみたいなのもいるけどさ。それも嫌いだから、ただ、願わくばそういうふうなんであったら最高だね。

——加藤さんは、そういう意味でものすごい仕込みしている人だと思います。自分に投資している。PAを買ってしまう話にしてもそうですし、ロールス・ロイスもそう。ワリシン（6・8）買うのとは違いますからね。

何も残ってない。ワリシン買っておけば良かったたって思ってるけど。使っちゃうタイプですね。責任ないから、子供いるわけでもないし。

――子供はつくらないですか?

子供はもうつくらない。ずいぶん前に決めて。安井が普通のいわゆるハウスワイフだったら、子供いるかも知れないけど、両方が仕事してるから、そこに第三者が、子供だって第三者でしょ、介在したら、当然、とんでもないことになってしまうだろうと。だからそれはいいと、二人で寂しい老後でもいいから。

――その価値観は、ある意味ですごく日本的ではないテンションだと思います。

まあ、そうだね。何かを残したいとか、子供に家と土地を残したいとか。

――子供が居ないと世間並みじゃないという価値観も一方であるような気がするんです。自分は自分だということがすごく言いにくい国なんじゃないかと。

そりゃ大変よ、通すのは。僕は普通の生活をしていると本当に思ってるのよ。ほかがおかしいと思うわけ。これは外国かぶれということじゃなくて、日本にもいろんな職業の人がいたとしても、同じような生活をしてるわけ。アーティストはやっぱり普通の人たちとはちょっと違う生活だけど、ベーシックには同じだよね。普通の夫婦であり、ちゃんと仕事もして、特殊なことはしていないよね。いないでしょ。それがなんで特殊に見えるかとか、よく取材であるんだけど、いちばんよくあるのが「なんで夫婦なのに、そんなに仲がいいんですか(笑)」。多いんだよ。笑っちゃうくらいに。「夫婦じゃない人と仲良かったら問題だよ」「あっ、そうですね」とか真面目に書いてる。それと同じように、音楽も真っ当に捉えてくれれば嬉しいんだけど、どうも、生活部分だけを拡大視しちゃってね。あいつら勝手に好きなことやって生きてんじゃないかと思われている。いいけど。

――そういう意味で、日本の場合、建前で世間の通りが良いという……。

自分の意見が通りにくい社会の仕組みでしょ。それをアーティストが言うと、それはアーティストのワガママだとか、アーティストだから出来るんですとかね。転嫁しちゃうのが変だよね。

――加藤さんの闘いの歴史にしても、たぶんそういうものとの戦いの歴史だと思います。

そうだと思う。闘っている意識はさらさらないんだけども、結局、そういうところに晒されちゃうわけじゃない。一歩街に出ても、違った所にいる感じだから、面倒くさいから旅行先にすることにしたんだ、すべて。キザに聞こえちゃうんだけど、またこれも誤解を受けちゃうんだけど、外国に居るほうが。だったら外国に行けって言われそうだけど、外国に住みたくないから。でも、外国に居るほうが全然気持ちが良いわけね。普通に出来るから。日本の道って狭いから、二人で横に並んで歩けない。途中で、前後で話しながら歩いてる道になったりね。そういうベーシックなことが満たされてないでしょ。すべてがそうなんだよね。そういうなかでものをつくったり、そういう観点からすると非常に大変なんだけど。

――そういうところで、人生に即した音楽ということになってくると、当然、バックグラウンドというのが出てきて。

そういうの、密接な関わりを持ってるよ、日本の社会と僕らがつくる音楽って。一見、関係ないような、僕らが描いてるものはなんとなく日本のことは出てこないような気がするじゃない、タイトルとか見ても。だけど、結局は非常に日本のこと、日常生活のこと、なのよね。実は。よく聴いてもらえれば。

――はっぴいえんどは、そういうものをある意味で図式的に見せたけれども、加藤さんのやってるのは、もっと。

もっと音楽を楽しむというか、聴くわけだからね。そんなすごいリアリティのあることで、ガーンとなって、というよりも、楽しいというか、それが虚構であれ何であれ、そういうもので違う世界をつくりだしたほうが面白い。それにそういう力が音楽にはあるんだもん。リアリスティックな音楽を使って、もう、お腹が減ったなんとかだー、ってやってるんだったら、そりゃ街頭で演説してればいいんであってね、音楽である必要はない。

――そのなかに、聴き手とつながるものが当然ありますからね。

　だから、僕のつくってる音楽は、高いか低いかわからないけれども、聴き手にある程度の知識と経験を要求することは確かだね。本だってそうでしょ。たとえば、漫画は別に誰が読んでもわかるけども、普通の本てパッと読んだら、今、くだらない小説とかいっぱいあるから、すぐわかるのもあるけども、ある程度知識とか何とかがあると、非常に面白いものっていうジャンルだってあるわけでしょう。だから、音楽だってそういうジャンルがあったっていいはずで、そういうのがあまりに少なすぎるじゃない。

――最近の若い人の音楽を聴いていて思うのは、とにかく説明過多だという気がします。歌詞なんか見ても、なんでここまで言わなきゃいけないのかって。

　だって、そういうジャンルのものなんだもん。音楽とか本でも絵画でもなんでも、すべてそういうものがあって、自分がそれを見るなりして、頭のなかで実際は構築されて、なにかを感じて「ああ、そうか」っていうんで、直接的にぱっと来るものではないと思うんだよね。それは。まあ、古い時代の考え方というならば、それでも全然構わないんだけど、そういうものだと思うから。

——変な意味の上昇志向は無いですか？

外国でなんとかって、もう全然無いね。皆さんに、ありがちな、外国でなんとかしてみたいとかさ、いいやって。外国コンプレックスが無いわけじゃないんだけど、薄まってほとんどないってことでしょう。やってみたから。

——でも、難しいですね、かっこよく老けていくというのは。

ロッカーということで言えば、キース・リチャーズってかっこいいよね。一生ロック少年じゃない。インタビューもすごい真面目だよね。キース・リチャーズって、変わってないんだよね。ナチュラル、自然体でしょ。あれはやっぱり理想ですね。

——ソロ・アルバムもそうでしたね。

生活すべてをロックにしちゃうと、キース・リチャーズになっちゃうから、生活だけはロックにしないで、ちょっとソフィスティケイテッドしといて、気持ちはロックに置いとこうというのが、今の状態じゃないんでしょうか。

――生活をロックにしてしまうとやはりまずいですか？

生活をロックにしちゃうとね、まずいな、やっぱり。僕は普通のことしてると思ってるけども、一〇年前としてること、あまり変わってないのね。一〇年前においては、そういう生活ってのはなんか、違ったふうに見えたりして、それは生活自体、僕にとってはロックかなと。普通の生活じゃないわけでしょ、ある種。日本においてはね。他の人が使っているロックというのとは、たぶん全然違うかもしれないけど。

歌詞

加藤和彦に聞きたかった最後の大きなテーマが歌詞についてだった。

加藤和彦が自分で詞を書かないのはなぜなのか？　もちろん、シンガー・ソングライターのなかにも歌詞を書かない例がないわけではない。グループの場合で、作曲と作詞が分業になっている例もあるだろう。それが問題だと思っているわけではない。第一、加藤和彦はザ・フォーク・クルセダーズの盟友、きたやまおさむ、そして松山猛、さらには公私ともにパートナーとなった安井かずみなど、個性的で才能豊かな作詞家とタッグを組んできたし、そのクオリティの高さはそれぞれの楽曲を聴けば明らかだ。

いまさら、その詞はフィクションですかなんてことを聞きたいわけではないし、表現者に詞の意味や託した想いなどを訪ねるのが野暮なことは重々承知していた。けれど、加藤和彦にとって、詞の表現がどういうポジションにあったのかを、あえて本人の口から聞いてみたかった。

――詩の話がまだ大きなテーマとしてあるのですが。

詞の話はね、常に僕自身が書かないから、テーマのコンセプトは決めてやるから、その部分は共同作業というか、誰かにゆだねちゃうわけでしょ。同じルーツを押さえておいて、だいたいみんな書いてる。書いてないのはエルトン・ジョンくらいかな。曲だけでね、みんな詞曲でしょ。シンガー以外はね。エルトン・ジョンて珍しい存在なんだ。

——なぜ書かないんでしょうか？

僕が？　書かないって、書けない（笑）。言っちゃいけないな。書けない。面倒くさくないけど、別に。書けないって、自分が満足するものが書けない。なんでもいいから書けって言ったら書けると思うけど、それより、安井だから頼んでるわけじゃなくて、僕より優れた人がいればそっちのほうがいいわけで、全部同じよ、アレンジとかでも誰かが居れば頼んじゃうし。

——いままで作詞家としてやってきてる人は、大きく分けると、きたやまおさむさん、松山猛さん、安井かずみさんという流れですよね。詞のイメージに関する注文は事前に出すんですか？

どこらへんのピリオドの話？　昔とは違うから。

たとえば、松山の場合は大昔よね。一日にノート一冊くらい書いてた奴だから、適当な良い言葉を選び出してはピックアップして、基本的には、曲先になるんだけど、良い言葉をくっつけて適当に歌っちゃうわけ。それで「この間を埋めろ」みたいな感じで。そういう辻褄合わせを。

きたやまの場合は完全に渡しちゃって「はい」。あいつが勝手にやって、合わないところを、メロディーに乗りにくいところを直したりして、それくらいのことで、完全分業制。お互いに口出さず。安井との場合は全然違って、元から「こういうものをつくりましょう」ってテーマがあるから、最初にテーマを決めて、僕が音で一生懸命つくってる間に、彼女はメモをいっぱいとってるわけ。それで音を渡せば、そのなかから自分で合ってたのを選んでつくる。一応、曲が最初にあるけれど、同時、一緒にやってる感じ。

――アルバムのテーマとか、今回こういうのにしようとかはどう決めるのですか？

それは自然発生的。片一方が押し付けたんでもダメだし。向こうから言って来ることは無いけどね、向こうは別に自分のレコードじゃないから、全然外圧がない人ですから、外圧はこっちにくる。「そろそろ」。そうなると、自分でやりたいこととか話したりとか。

――きたやまさんのお任せと同じで、上がってきたものについては無抵抗ですか？

お任せの意味合いが違うけど、無抵抗じゃなくて、それ以前に完全に、もちろん夫婦だから、僕のことを知ってるから、僕のボキャブラリー内でつくるから、直すところはないのね。向こうが勝手に直す。自分で「これは嫌だ」とか「気に入らない」とか、自分で自分の言葉を。こっちが「ちょっと」と言ったことはない。

——途中で安井さんが、「やっぱりここはこうしたい」とか？

そう。僕がここが嫌だって言った覚えはあまりない。ただ、たとえば三番まである曲で、三番まである詞があんまり良くないっていうのは、メロディーが良くないから三番まで持たなかったとか、って、あるわけよね、曲としても、松竹梅が。全体のクオリティは別としてね、アルバムのなかでも、これはやっぱり二番まででいいか、って詞をはしょっちゃうとか。そういうことはやってたけども。

——事前の話し合いはありますか？

そういうの無し。たとえば、テーマは「ヴェネツィア」なら「ヴェネツィア」って決める。決めるまでは大変よ、そりゃ。やる、やらないを、ご飯食べながらの話であったりで。真面目に「さて、今度はどうする」っていう話はしたことない。自然にいらないものは消えていっちゃうから、毎日　話してるうちに残るものがあるわけね。ふるいみたいなもんだから、全部。ふるいで無くなっちゃうこともあるけど、また砂入れて、残るものがあるわけ。それがテーマ。

――そういうふうになっていったのは、『パパ・ヘミングウェイ』からですか？

いや、『それから先のことは』で、いきなりそれに近い。いちばん私小説的な。僕、好きだけどね、あれ。純粋、いちばんフォーク・ソングかもしれない。マッスルショールズでやってるってところでもあるけど、自然体。

レコードを媒体としたラヴレター集みたいなの、ある種。そんなことを世に出して良いのかと思うけど、良いんだと思うんだ、僕は。だってみんな、個人的な動機じゃない。

――最近、『それから先のことは』を聴き直してみましたが、古くならないですね。

一足飛びに『ボレロ・カリフォルニア』と対なんだよね。『それから先のことは』って。方法論というか、『ボレロ・カリフォルニア』は今度は全部がプロとして作ってるけどね。でも、対のブックエンドのこっちとあっちみたいなの。

未完のアルバム

実は、加藤和彦にインタビューをしていた時期、彼は新しいアルバムの準備中だった。内容は、それまで加藤和彦が他の歌手に書いた曲のセルフカヴァー・アルバムであり、九三年六月のリリースが予定されていた。

僕の手元に、その時に彼のマネージャーからもらった収録予定曲が書かれたプリントが残っている。プリントには一四曲の候補曲と、『Ｍｅｍｏｒｉｅｓ　ｏｒ　Ｐｈｏｔｏｇｒａｐｈ』というアルバムタイトルが記載されている。

ちなみに曲目は次の通りだった。

① New A

② Do You Remember Me

③ 愛のスーパー・マジック

④ だいじょうぶ・マイ・フレンド

⑤ 戻っておいで私の時間

⑥ シンガプーラ

⑦ 悲しくてやりきれない

⑧ たぶんボサ・ノヴァ

⑨ 愛、おぼえていますか

⑩ パラレル

⑪ 人知れず恋

⑫ 夢がとまらない

⑬ New B

Option　あの素晴しい愛をもう一度

ただし、プリントの「愛のスーパー・マジック」は最終的に収録候補からは外されたのか、手書きで「ナシ」と書き込まれていた。

オリジナルは②岡崎友紀、③稲垣潤一、④同名映画サントラ・広田玲央名・渡辺裕之・加藤和彦、⑤竹内まりや、⑥加藤和彦、⑦ザ・フォーク・クルセダーズ、⑧上田正樹、⑨飯島真理、⑩吉田拓郎、⑪上田正樹、⑫武田鉄矢。①と⑬は新曲。そしてオプションは加藤和彦ときたやまおさむであった。

結局、このアルバムの音源を聴くことはできなかったが、このアルバムにも関係する話題を少しだけ話してもらっている。

――加藤さんは、オリジナリティについてどう考えていますか？

僕の場合、理想は、自分のつくるものと自分生活とがみんなイコールであるっていう状態に行きたいんだけど、なかなか行かせてくれませんね。でも、近くあるべく努力してきたのよ。

――それは見ようによっては努力ですけれど、加藤さんはそれを生活のスタイルにまでしてから作品に持っていってますよね。

自分の身にならないものをつくるのは嫌いなわけですよ。他人に書くのはいい加減に書く（笑）。いや、他人には僕のもの以上に一生懸命に書いてますけども、自分の場合は肉体に取り入れてやりたいと。だから、今度のアルバムでも苦労してるのは、どう肉体に取り入れるかって、毎日聴いてますよ。他人が歌ってるし。でも、曲は自分がつくってるしね。でも見えてきた、だんだん。光明が。

――人が歌っていると邪魔ですか？

邪魔というんじゃなくて、曲のコンセプト、日本語だとコンセプトだけど英語だとモチベーションていうものが、自分のものはあるわけですよ。つくる動機がね。ところが他の人につくった歌だと、モチベーション、動機が違う。その動機をセルフカヴァーといっても、ただ歌えばいいってものじゃない。

動機を無理やりつけてもしょうがないし、ふと思い立ったのが時代性ということで、全部がだいたいちょっと古めの歌っていうか、そんなに古くはないんだけど、岡崎友紀に書いた「Do You Remember Me」ってやってるのね。それを、岡崎友紀のがカヴァーで、今度出すのがオリジナルであったっていうようなサウンドにしてしまおうと、常にすべてがそのコンセプトでつくると面白いんじゃないかと。七五年以前の音は出てこないっていうんで、今もうリズムサンプリングしまくって、日がな一日ニセ音源つくりで大変。

でもかっこいいよ、パーパーってニセ音源つくると。絶対に出来ないのよ、今。ふと寝てて、パッと思いついて、ロニー・スペクター（6・9）みたいな感じが、ぴったり「Do You Remember Me」にはまるでしょ。今日英語の詞をくれって頼んだから、あれをフィル・スペクターで。僕は大滝君みたいに表スペクターじゃないけど、裏スペクターですから。別に屈折はしてないんだけど、聴きやすいポップスであるけれども、七〇年くらいの持ってたあの感じ。ファッションなんかもなってるね、なんとなく六〇年とかさ。そこを多少はチラチラと薬味的に入れつつも、そういう感じでポップスというかさ。石坂さんにはもう言われてるから、「そうだ、歌謡曲だ」。あのロックの石坂さんが歌謡曲だよって。

――話題は変わりますが、六〇年代、七〇年代から自分の音楽を貫いているということでは、浅川マキ（6・10）さんもすごいですね。石坂さんも浅川マキさんを評価していましたね。

浅川マキって昔、ずいぶん仲良かったのよ、僕。彼女は新宿の変な所に住んでて、お金ないから、マンションじゃなくて、ビルの屋上にプレハブを建てさせてもらってて。もう、ほとんど夜になると下に降りられないみたいな所に住んでて。僕がヒッピーの頃だから、結構遊びに行ってたよ。真面目な芸術論を闘わせてたってわけじゃないけども、その親戚くらいの話をして。変な人だもんね、あの人も。浅川マキ、いいね。「悲しくてやりきれない」歌ってくれないかな、一緒に。「悲しくてやりきれない」って、この間、じっくりアッコ（矢野顕子）ちゃんの聴いてたんだけど、「これ、超えるのは難しいな」と。難しいですよ。アッコちゃんだって、昔から好きで「いつかやりたいけど、「いい？」「もちろん」て言ったの。すごい、あれは。そうすると、僕だけじゃダメだってこともないんだけど、ドラマ性というか、ふと思ったんだけど、浅川マキとやってみたいなという感じが一瞬。もう二〇年は会ってないんじゃないかな。

一人がイヤだから歌手を入れるということじゃなくて、いい意味の時代性のコラージュみたいなのつくりたいわけね、感じとして見えてきたのが。そうすると、一瞬、浅川マキって話してて、閃いたのが、当たってるような気がするんだけど、詩が深いから、面白いと思うんだ、コラージュとして。全然違うけど、日本のエディット・ピアフ（6・11）みたいなところ、あるよね。一生、薄幸で、みたいな。たぶん、今の人はもちろん知らないでしょ。別に浅川マキを盛り上げようということじゃないんだけど、時代性のコラージュと言っては失礼だけど、そういうことになれば面白いかなと。

――片やロニー・スペクター、フィル・スペクターがいて、浅川マキさんがいて。面白いですね。

それでいいや、教授のピアノ一本で。すごい組み合わせだね。あと、溝口（肇）君（6・12）くらい。チェロをちょろちょろって。そういう刺激。有名だからというんじゃなくて、昔みたいな、ピカソが絵を描いて、サティがなんかやって、みたいな感じのがあると面白いな。無理やりやるんじゃなくてね。ナマで、一回で終わり。アレンジも決めないで。これですよ、やっぱり（笑）。教授に電話かけちゃお。

しかし、このセルフ・カヴァー・アルバムはついに日の目をみなかった。このインタビューの直後に安井かずみの看護に集中するため、加藤和彦がすべての仕事をストップさせたこと。そして安井かずみの死去が、この企画を葬り去ってしまったのだ。

たらればになってしまうけれど、もし、提供曲の幻のオリジナル集というコンセプトのこのアルバムが実現していたら、どんな「加藤和彦の歌謡曲」を聴かせてくれたのだろうかと、ふと想像をたくましくしてしまう。なかでも、もしもこの時、加藤和彦と浅川マキによる「悲しくてやりきれない」が実現していたことを想像すると、ちょっとドキドキしてしまうのだ。

加藤和彦に対してそう思っていたように、僕は、浅川マキという人もその活動の意味を過小評価されてきたアーティストのひとりだと思っていた。加藤和彦も浅川マキも、押しつけられたイメージとは無関係に、自らが信じる道を最後まで貫いた孤高のアーティストだと思っていた。だからこそ、ふたりの共演は成らなかったものの、この時に加藤和彦の浅川マキ観を聞くことが出来たのは、僕にとって、このインタビューの収穫のひとつだった。

もうひとつだけ、あえて書いておきたいことがある。インタビューのなかで、加藤和彦があまり触れようとしなかったのが、シンガーとしての部分だった。しかし、雑談のなかでふとこんなふうに語った。

ブライアン(・フェリー)というのは、全然歌のうまい人ではないわけよね。いろんな手管を使ってやってるけども。僕とブライアンが一緒ということではないけれども、僕もそういう部分が自分自身であって。でも、その歌のうまいのと表現力とは違うから。それでまた違う作品がつくれるっ

ていうね。年中、それは背負って、それは自分の運命みたいなもんであるわけで。それが今言ったブライアン・フェリーの感じっていうのはそれなんですよ。彼のは。

僕もそうなの（笑）。

はっきりと口にしてはいなかったけれど、加藤和彦がシンガーとしての自分になんらかのコンプレックスを持ってきたのだろうなということは、その足跡を追うなかでも感じられた。僕自身は、必ずしもそうは思っていなかったけれど、その話題に彼がどう反応するかもわからなかったので、あえてこのインタビューで歌唱力をテーマにしてみようとは思っていなかった。

しかし、ブライアン・フェリーを引き合いにしたこの言葉が、加藤和彦が歌手としての自分をどう考えているかをストレートに教えてくれた。それは、僕自身が考えているシンガーとしての加藤和彦のイメージとほぼ重なるものだった。

確かに加藤和彦は、声量で聴き手を圧倒したり、超絶技巧を誇るタイプのシンガーではない。けれど、歌の世界、そして感情を伝えるということでは、加藤和彦は十分な表現力を持っていた。強烈に自己を主張するのではなく、ヴィブラートのかかったささやき声、ちょっと内省的なつぶやき声、そういった心のインナーサイドを伝える声による表現が、その歌を陰影のある味わい深いものにしている。だからこそ、サディスティック・ミカ・バンドで、外に向かう強烈なアピールの部分を任せるために、フラッパー・タイプの女性シンガーを起用していったのだろう。

その意味で、加藤和彦は優れた表現力を持ったシンガーだったし、彼のように歌える歌手はけっして多くなかった。なにより、パッと聴いただけで「あっ、加藤和彦だ」とわかる声を持っていた。それこそが、シンガーとしてのかけがえのない才能なのだ。

エピローグ

このインタビューから約一年後、加藤和彦はプライベートにおいても、創作面においても大切なパートナーであった安井かずみと死別した。

当時は、安井かずみが闘病状態にあり、加藤和彦がその看護にすべてのエネルギーを傾注していたことを知っている人はほとんど居なかった。しかし、今にして思えば、この安井かずみの死は、加藤和彦の音楽家としての歩みにある意味で、決定的な影響をもたらす出来事だった。

その後、彼はプライベートでは再婚と離婚を経験し、音楽活動においても、サディスティック・ミカ・

バンド、ザ・フォーク・クルセダーズのリユニオンに留まらず、坂崎幸之助（6・13）とのユニット和幸、市川猿之助とのコラボレーションによるスーパー歌舞伎の音楽創造などを手掛けていく。

しかし、あくまでも僕の独断だけれど、ザ・フォーク・クルセダーズからスタートした加藤和彦のアーティストとしてのクリエイティブな創作のサイクルは、一九九一年の『ボレロ・カリフォルニア』でひとつの締めくくりがなされていたのではないかと思う。それ以降の彼の活動は、完結した大きな物語の余韻のなかに居ながらも、次の大きなサイクルを起動させようとする試行錯誤であり、残念ながら次のサイクルを起動させることは不発に終わったように、僕には感じられる。

その意味では、加藤和彦にとっての自分の音楽史を再点検する意味合いがあったであろうセルフ・カヴァー・アルバム『Memories or Photograph』が未完に終わったことは残念でならない。もし、加藤和彦がこのアルバムを完成させていたら、それは彼がアーティストとして次のステージに果敢に飛び込んでゆくダイナモの役割を果たすことが出来ていたのかもしれない。はたして、彼が語っていた、「歌謡曲」からスタートする音楽がどんな展開を見せたのか。ふと、そんな想像をしてみたくなることもある。

二〇〇九年一〇月一六日、加藤和彦は帰らぬ人となった。享年六二歳。奇しくも加藤和彦が、作家としても生き方でも敬愛してやまなかったアーネスト・ヘミングウェイがこの世を去ったのが六一歳の時だった。もうひとつ、この翌日、一〇月一七日が、ザ・フォーク・クルセダーズが最後のコンサートを行った日だったというのも暗黙の符合だろうか。

その人生の閉じ方を巡ってすら、つい、こんなふうに想像たくましくしてしまいたくなる。これらもまた、もしかしたら加藤和彦流のダンディズムがもたらしたものだったのではないか。不謹慎とは思いながら、あえてそんな邪推をしてみることで、自分のなかの喪失感が、少しは和らげられるような気もする。なにより、まだまだ音楽を通して、彼と会話を続けることはできるのだ。

後書き

前田祥丈

最後に少しだけ、本書を制作するに至った動機に触れておきたい。

僕が加藤和彦の存在を知ったのは仙台で受験浪人をしていた一九六七年秋だった。オールナイトニッポンだったか、大阪の深夜放送だったのか（当時、電波の関係か仙台でも関西の深夜放送を聴くことができた）は忘れてしまったけれど、寝床で聴いていたラジオからいきなり流れてきた「帰ってきたヨッパライ」にビックリして起き上がってしまった。

「なんだ、これは！」。それが正直な感想だった。

「帰ってきたヨッパライ」のインパクトは圧倒的だった。ジャンルにこだわらない曲づくり、斬新な詞、テープの早回しやサウンド・コラージュを駆使した大胆な音づくり。どれもが新鮮に感じられた。なにより、それがレコード会社の力をまったく借りない自主製作レコードだったことは衝撃的だった。当時、日本でも、ビートルズ、ボブ・ディランなどの影響を受け、自分たちならではの表現を追求しようとするミュージシャンも登場しはじめていたが、ザ・フォーク・クルセダーズの徹底した突き抜けっぷりは圧巻だった。その時から、僕にとって加藤和彦は特別なアーティストとなっていた。

七〇年代に入り、僕はスタッフとして音楽シーンの隅っこに関わった後、ライターとしての活動を始めた。その間、加藤和彦本人と直接関わることはほとんどなかった。しかし、加藤和彦と近いミュージシャンたちとの接触は多かったし、彼についてのエピソードもよく聞いていた。やはり加藤和彦は気になるアーティストであり続けていた。

九〇年代に入って間もない頃、ある編集者に「本にしてみたいアーティスト、居ませんか?」と聞かれた。その時、出した名前が加藤和彦だった。

この時期の加藤和彦は、どちらかといえば安井かずみとの華麗なハイライフぶりばかりに脚光が当たっている印象があり、音楽家としての活動があまり顧みられていないのではないか、とくにサディスティック・ミカ・バンド解散以降のソロ・アーティストとしての活動は過小評価され過ぎなのではないか、という思いがあった。だから、あえて加藤和彦の音楽家としての業績、そして音楽家としての本質に焦点を当ててみたい。僕は、そんな意図を込めた企画書を書いた。少しして加藤和彦サイドから、「喜んで取材をお受けします」というメッセージが届いた。

正確な記録は残していないのだけれど、一九九三年三月に、数時間ずつ三度にわたってインタビュー・セッションをした。全体のテーマは伝えてあったが、実際のインタビューは、こちらが用意した質問についての一問一答というよりも、その時の興味のおもむくまま、あちこち脱線しながらのトーク・セッションという感じだった。けれど、加藤和彦はこのインタビューに対して、聞かれたことは何でも答えるし、今まで話したことがないことも話す、というスタンスで臨んでくれたと思う。実際、彼はほとんどの質問に対してオープンな態度で応えてくれた。

その言葉は、時には歯に衣を着せぬ辛辣なものだったり、創作に対するこだわりやエゴイスティックなまでの自己主張を感じさせるものだったりもしたけれど、強い自負の込もった言葉からは、なによりも、音楽に対する意欲が衰えていないことが感じられた。最後のインタビューの雑談中に、彼は「こんなイメージの本になったらいいね」と一冊のおしゃれな洋書を見せてくれたりもした。

このインタビューは、制作中だったセルフカヴァー・アルバムが発売される六月にあわせて本となる予定になっていた。その準備として、とりあえずインタビュー・テープをすべて原稿に起こし、全体の構成を考え始めていた時、加藤和彦サイドから、アルバムのリリースが延期になったという知らせが入った。もちろんその時は、安井かずみの看病に専念するため、加藤和彦がすべての仕事をキャンセルしたことによる延期だということは知らなかった。ともあれ、アルバム・リリースのタイミングを待つために、本の作業もストップすることになった。そのまま年を越え、三月、安井かずみの訃報が飛び込んできた。葬儀には僕も参列した。鳥居坂教会で見た加藤和彦のやつれ切った立ち姿、そして驚くほどに多かった報道陣のことは、今も覚えている。

結局、加藤和彦のセルフカヴァー・アルバムは幻となり、、この本の企画も立ち消えになっていった。そして、インタビューのテープ起こし原稿は、僕のロッカーの奥に眠ったままになっていた。

その後、僕は音楽ライターとしてではない仕事をすることも多くなっていったけれど、しまい込んであった加藤和彦のインタビュー原稿のことは常に頭の片隅にあって、機会があればあの時の加藤和彦の言葉を世に伝えたいという思いは消えたことがなかった。そのチャンスがまったくなかったわけではない。二一世紀に入って間もない頃、加藤和彦の本を企画したいという人に、僕のインタビュー原稿を読んでもらったこともあった。しかし、その話もそれ以上の動きにはならなかった。

二〇〇九年に加藤和彦が亡くなった当時のことは、「序」でも触れたが、その後、改めてこのインタビューを世に出したいと思い立った事情に、少しだけ触れておきたい。

二〇一一年二月、二〇数年振りに事務所を原宿から渋谷に移した。その引っ越しの余波がまだ残っている時に東日本大震災を体験して、このインタビュー原稿がなんらかの事情でこのまま失われて、この加藤和彦の言葉が無かったことになってしまうのは、彼に対しても申し訳ないと強く思うようになった。なにより、一九九三年という時点での加藤和彦の言葉を記録として残しておくことは、加藤和彦の個人史というだけでなく、日本の音楽シーン全体にとっても意味があるのではないかと思い至った。

しばらくして、僕も少しお手伝いしたイベントで、加藤和彦の衣装やギターが展示されることになった。その窓口として、加藤和彦の最後のマネージャーだった内田宣政が協力していることを知った僕は、彼に加藤和彦のインタビュー原稿のこと、そして僕自身の思いを伝えた。その結果、彼と、やはり加藤和彦と深い関係を持っていた牧村憲一が原稿を読んでくれることになった。そこから、本書の企画が動き出した。

それにしても、内田宣政も牧村憲一も僕にとって旧知の人間だっただけでなく、折に触れていろいろと助けてもらった恩人であり、戦友でもあった。この件をもっと早く彼らに相談していれば、ここまで僕がインタビュー原稿を抱え込んでしまう結果にもならなかったのではないかと思うと、そんな簡単なことを思い至らなかった自分のうかつさに内心忸怩たるものがある。

しかし、加藤和彦の言葉を世に届けるために二〇年もかかってしまったことを、プラスに捉えてみてもいいのかなとも思う。そのおかげで、本書には、当時は出会っていなかった貴重な写真や資料、さらに音源を収録することができ、単純なインタビュー集ではない時代の証言としての意味を持った一冊とすることができたのも、時を待ったおかげなのかもしれない。本書なら、インタビューの最後に「こんな本になったらいいね」と言った加藤和彦にもニッコリしてもらえるのではないかと思う。

本書の実現のきっかけを開いてくれた内田宣政、本書監修を引き受けていただいた牧村憲一をはじめとする、多くの方々のご尽力、ご協力いただいたすべての方々のおかげで、ようやく、二〇年前の加藤和彦の想いを形にすることができた。

本書が、加藤和彦の言葉、加藤和彦が行ったこと、考えたことを、今の時代が真摯に受け止めてもらえるきっかけになれたなら、僕もちょっとホッとできる。

※文中、会話部分以外のすべての人名はあえて敬称をつけずに表記しました。末尾ながら、失礼をお詫びします。

二〇二四年の再出版に寄せて

二〇二四年五月、加藤和彦のドキュメント映画『トノバン 音楽家 加藤和彦とその時代』が公開となる。斎藤安弘による『オールナイトニッポン周年特別番組』（二〇二一年）のオープニングのシーンから始まるこの映画は、多くの貴重な証言を通じて音楽家としての加藤和彦の本質を追って行こうとする、日本では珍しいタイプの優れた音楽ドキュメンタリー映画だ。

この映画の公開に合わせて、二〇一三年に書籍として上梓させていただいた『エゴ 加藤和彦、加藤和彦を語る』の再出版というお話をいただいた。

この本が誕生したいきさつについては旧版の「後書き」で紹介しているので触れないが、版元が出版事業から撤退したこともあり、絶版となっていた本書に、新たな命を与えていただけるのは非常にありがたいことだ。

このお話をいただき、改めて旧版を読み直してみて少し驚いたのが、映画『トノバン 音楽家 加藤和彦とその時代』ととてもよくシンクロしていたということだ。

本で加藤和彦が語っていたエピソードについて、映画では、その時々に彼に接していた人たちが肉声で語っている。だから、本と映画とが約三〇年という時を経て会話をしているようにも感じられ、それぞれのエピソードがくっきりと肉付けされていく、そんな実感があった。

もちろん、本でしか語られなかったり、映画でしか触れられていないエピソードもある。たとえば、名曲「あの素晴しい愛をもう一度」が誕生した背景について、加藤和彦が語らなかった真相を、映画できたやまおさむが語っていたり、ザ・フォーク・クルセダーズの「イムジン河」が発売中止になったいきさつについても、朝妻一郎がより詳細に証言していたりもする。

けれど逆に、当時、彼の周囲にいた人たちが感じたことについて、加藤和彦自身が本のなかで語っていたりもする。

なにより強く感じたのが、その洗練されたライフスタイルに過剰に注目されてきた観のある加藤和彦を、あくまで音楽家として捉え直そうという、本をつくった時と共通した想いが映画『トノバン 音楽家 加藤和彦とその時代』から感じ取れるということだ。

映画を観て思い出したこともあった。一九七三年の春。はっぴいえんどの事務所だった風都市にスタッフとして参加していた僕は、引越の手伝いのために狭山にあった細野晴臣の家（米軍ハウス）に行ったことがあった。その時、リビングには細野のソロアルバム『HOSONO HOUSE』のレコーディングのために持ち込まれた一六チャンネルのコンパクトタイプのコンソール（エンジニア・

吉野金治が所有)が置かれていた。

そしてその時、細野晴臣の近所にあったデザイナー、奥村靫正のスタジオも尋ねたのだが、その壁にサディスティック・ミカ・バンドのファーストアルバム『サディスティック・ミカ・バンド』のジャケット撮影に使われていたヤシの木などの南国風景が描かれた垂れ幕がかかっていたのだ。

奇しくも、その日の僕は『HOSONO HOUSE』と『サディスティック・ミカ・バンド』の二枚の歴史的アルバムの〈聖地〉に足を踏み入れていたのだと思うと、感慨も新たなものがある。

本書は、あくまでも一九九三年時点での加藤和彦の言葉の記録という意味合いを重視して、再出版にあたっても基本的に内容の改定はせず、修正も説明不足をおぎなうなど最低限にとどめ、主にデザイン、レイアウト面の変更にとどめている。

ただし、書名を前回の『エゴ 加藤和彦、加藤和彦を語る』から『あの素晴しい日々 加藤和彦、「加藤和彦」を語る』と変更させていただいた。

理由は、旧版が出版された二〇一三年時点では、加藤和彦に対する認識が現在よりも低かったこともあり、インパクトと主張が感じられる書名をあえて選んだという事情があったからだ。しかし、現在では、映画『トノバン 音楽家 加藤和彦とその時代』の制作にも見られるように、彼の音楽を次の時代に受け継いでいこうとする動きも生まれており、本書の書名も、よりストレートに内容を伝えるものにしたいと考え。上記のタイトルとさせていただくこととした。

本文の中に加藤和彦が異論を語っている箇所があるけれど、やはり「あの素晴しい愛をもう一度」は不朽の名曲だ。

しかし、現在も多くの人々に歌い継がれている「あの素晴しい愛をもう一度」を〈希望の歌〉として歌っている人が多いのでは、とも感じる。本来、この曲は〈喪失〉をテーマにしたもので、もう帰ってこないことを知りながらも〈願ってしまう〉という歌なのだと思う。

その意味で、映画『トノバン 音楽家 加藤和彦とその時代』のエンディングに、彼を想う人たちによる「あの素晴しい愛をもう一度」の歌が置かれているのは見事だと思う。本書の『あの素晴しい日々 加藤和彦、「加藤和彦」を語る』という書名にも、同じ想いを込めさせていただいた。

なお、旧版にはCDによる未発表音源が附属していたが、今回の再販にあたっては省略させていただいたことをご了承いただければと思う。

末尾ながら、改めて旧版『エゴ 加藤和彦、加藤和彦を語る』の制作にお力をお貸しいただいた皆様、そして新版『あの素晴しい日々 加藤和彦、「加藤和彦」を語る』の刊行実現にご尽力いただいた皆様にお礼を申し上げたい。

前田祥丈

トノバンの遺したメッセージ

一九六八年十一月、神戸・三宮の国際会館で出会ったフォーク・クルセダーズはまさに光り輝く星でした。メンバーのノック、フック、パンチいや、加藤和彦、北山修、はしだのりひこは、助走をつけてステージに飛び込むやいなや、「ぱんぱかぱーん、今週のハイライト」とギャグをかましたのです。バックステージから観ていた僕は、「僕らの時代の訪れ」を確信しました。

それから十年後の一九七八年、加藤和彦さん（＝トノバン）のヨーロッパ三部作制作に参加した時に、一九六八年の出会いの話になりました。トノバンは、「いつか一緒に音楽の仕事をしようと話したね」と言いましたが、それは最大の友情の言葉と解釈しました。当時、一ファンでしかなかった僕が、そんな話が出来るはずがないのですから。

80年代、トノバンとは竹内まりや、大貫妙子、ピエール・バルー、ＹＵＫＩ、ＳＰＹ、ＢＯＲＯ、ＥＸ等、数えきれない協働があり、最後の仕事は二〇〇〇年、ユネスコの仕事でした。その時、トノバンは「陽水がリードボーカルで、細野さんと僕がバックをやるフォークルってどう？」と笑いながら投げかけて来たことを忘れられません。トノバンの最後のトライは『ＵＲＤＣ２０１０』という、レーベルプロジェクトの立ち上げでした。二〇一〇年に向かう準備中に、彼はこの世を去りました。トノバンの遺したメッセージを最後に、ここに記します。

『何故に人々はCDを買わなくなったか。簡単に言えば欲しくない、または買うだけの魅力がない、のではなかろうか。無論、そこにはネット販売、配信という流通革命の不可抗力があることは確かであろうが、パッケージの持つポテンシャルに乏しい作品が多いのも一因であるような気がしてならない。やはり良いソフトを作り続けるという音楽を愛するものにとっての基本中の基本を守ることこそ、この危機的音楽産業を存続させ得る唯一の方法であると考えます。

そこで我々は Urban Ranch Disc Companyを立ち上げたいと思います。従来のようなパッケージではないもの、本当の音楽性、人生の伴侶としての音楽、無くてはならないもの、置いておくだけで嬉しいもの、といったとうの昔に忘れ去られてしまった価値観を共有すべくアーティスト達を探しました。加藤和彦・麻田浩、という路は違うものの、音楽を愛し続け、長きにわたって二人による、of the people, by the people, for the people who loved music なレーベルなのです。そこからきっと「何か」が生まれると信じています』。

牧村憲一

前田祥丈（まえだ・よしたけ）

一九四八年生まれ。七三年、風都市に参加。音楽スタッフを経て、編集者・ライター・インタビュアーとなる。編集企画事務所（株）エンサイクロメディア代表。著・編著に『音楽王・細野春臣物語』、『YMO BOOK』、『明日の太鼓打ち』、『THIS IS ROCK』など。

牧村憲一（まきむら・けんいち）

一九四六年、東京都生まれ。音楽プロデューサー。加藤和彦、竹内まりや、フリッパーズ・ギターら数々のアーティストの歴史的名盤の制作・宣伝を手がける。著書に『ニッポン・ポップス・クロニクル』、『「ヒットソング」の作りかた』など。

https://www.hyakunen-sha.com

文中注釈

アルバムディスコグラフィー

※本書口絵において、撮影者未詳の写真があります。お心あたりの方は弊社までご連絡ください。

本書は二〇一三年七月、スペースシャワーブックスより刊行された『エゴ　加藤和彦、加藤和彦を語る』に加筆、再編集したものです。

あの素晴しい日々
加藤和彦、「加藤和彦」を語る

2024年5月7日　第一刷発行
2024年7月10日　第三刷発行

著者　加藤和彦・前田祥丈
監修　牧村憲一

装丁　ヒヌマデザイン
発行者　杉岡 中

発行所　株式会社 百年舎
東京都品川区西五反田2-13-1-5F
☎ 03-6421-7900

印刷・製本　藤原印刷株式会社
◎落丁、乱丁は送料弊社負担にてお取替えいたします。本書のコピー、スキャン、デジタル化等の無断複製は著作権上での例外を除き、禁じられています。代行業者等の第三者による本書の電子的複製も認められておりません。

ISBN 978-4-9912039-3-0

©2024 KAZUHIKO KATO・YOSHITAKE MAEDA
Printed in Japan